«Ich mache mir keine Gedanken mehr über meine Tätigkeiten im Amt, auch nicht über meine Untätigkeit. Vor allem nicht über Sinn und Unsinn meines amtlichen Treibens, denn ich habe gerade den Truthahn gesehen. Frau Trotann steht bekanntlich nicht nur mit dem jeweiligen Wetter, sondern auch mit unserem Kopierer auf Kriegsfuß. Diese Kollegin meckert immer. Gerade eben fühlte sie sich wohl unbeobachtet, denn sie gab dem wehrlosen Kopiergerät einen so heftigen Tritt, dass der Kopierer bebte und ihr Truthahnhals in heftige Wallung geriet. Unsere altersschwache Kopiermaschine nahm das erstaunlich gelassen hin und spuckte trotz dieser respektlosen Geste die geforderte Kopie aus. Mit noch immer wackelnden Halsfalten nahm Frau Truthahn das einzelne Blatt, mit dem sie gekommen war, vom Vorlagenglas, schnappte sich die frisch angefertigte Kopie, lief zehn Meter weiter und steckte beide (!) Papiere in den Schredder.»

JULE MANN arbeitete unter anderem als Chefsekretärin einer Marketingagentur, bevor sie in den öffentlichen Dienst geriet. Ihre Verwunderung über diese neue Welt hat sie humorvoll in diesem Buch verpackt, das sie unter Pseudonym veröffentlicht.

JULE MANN

ES GIBT VIEL ZU TUN, HEFTEN WIR'S AB

Grüße vom Amt

Rowohlt Taschenbuch Verlag

Dieses Buch widme ich meinem Vater,
der es leider nicht mehr lesen kann.

Lieber Papa, Du sollst in Frieden ruhen dürfen,
aber beim Schreiben hast Du mir sehr gefehlt.
Ich konnte hin und wieder Dein Grinsen
sehen und deutlich Deinen Ausruf hören:
«Ach du grüne Neune!»

Das für dieses Buch verwendete FSC®-zertifizierte Papier
Lux Cream liefert Stora Enso, Finnland.

Originalausgabe ### Veröffentlicht im Rowohlt Taschenbuch
Verlag, Reinbek bei Hamburg, Januar 2013 ### Copyright © 2013 by
Rowohlt Verlag GmbH, Reinbek bei Hamburg ### Umschlaggestal-
tung ZERO Werbeagentur, München (Abbildung: plainpicture / Anja
Bäcker; FinePic, München) ### Zeichnungen im Innenteil von der
Autorin ### Innentypographie Simon Methner ### Satz TheSerif
(InDesign) bei Pinkuin Satz und Datentechnik, Berlin ### Druck und
Bindung CPI – Clausen & Bosse, Leck ### Printed in Germany ###
ISBN 978 3 499 62994 5

Inhalt

7 Im Konferenzsaal

16 Der Superbrief

26 Im Krümelarchiv

32 Der Fleck ist weg

37 Wasserloch

41 FKK

50 Die Finanzkrise

54 Hoch auf dem gelben Wagen

59 Meditationen

64 Fachgespräche

71 An apple a day keeps the Chef away

75 Vollmond

79 Stempeleien

85 Alles nimmt seinen Gang

92 Modegespenster

98 Zeit(ungs)arbeit

103 Persönliche Bereicherung

108 In Sachen EzVfdÄzgVfKmuoVuoFiöunuajFuusR

112 Aber bitte mit Brühwurst

118 Amtliche Emanzipation

121 Amtliquitäten

125 Bin ich krank?

131 Chef-Diktat

138 Öffentlicher Dienst

142 Cha-Cha-Cha

148 Oberlehrertage

152 Advent, Advent

157 Sockenalarm

163 Ich bin ein Prestigeobjekt

166 Ausschusssitzung

168 Nur ein Traum?

174 Hierarchie

178 Schönes Wochenende

183 Blau-Weiß

186 Der Lenz ist da

192 Abgehakt

197 Häppchenservice

202 Stressbewältigung

208 Streik der Heftmaschine

211 Senf oder Selters

214 Innovationen

221 Rückschritt? Fortschritt? Fehltritt?

224 Beschäftigungstherapie

230 Urlaubszeit

236 Urlaubsgrüße

239 Dank

oookay», dachte ich irritiert, «wo ist die versteckte Kamera?» Ich schaute das achtköpfige Gremium freundlich an, das mir gegenübersaß und offenbar über ein gewisses schauspielerisches Talent verfügte – niemand verzog eine Miene. Vorsichtig ließ ich meinen Blick umherschweifen. Nichts zu sehen von Fernsehtechnik. Saß Hape Kerkeling verkleidet vor mir, um gleich aufs Podium zu springen und «Hurz» zu singen? Ich schaute wieder freundlich in die regungslosen Gesichter, gefühlte dreißig Minuten lang. Noch immer keine Reaktion, die Damen und Herren glotzten mich einfach nur ausdruckslos an.

«Können Sie die Frage bitte noch einmal wiederholen?» Entschuldigend schaute ich den Herrn mit der bunten Krawatte an, der bislang die meisten merkwürdigen Fragen gestellt und offenbar hier das Sagen hatte. «Den Mittelteil habe ich nicht verstanden.» Er nickte verständnisvoll. «Aber gern. Können Sie uns sagen, wie die beiden Seiten eines Kontos genannt werden?»

Das *konnte* nicht ernst gemeint sein. Wann würde sich Herr Kerkeling endlich zu erkennen geben und mich erlösen? Schließlich fiel mir eine passende Antwort ein: «Vorn und hinten kann ich vermutlich ausschließen? Ich fürchte, dann muss ich jetzt schon meinen Telefonjoker anrufen.»

Das war für meine Verhältnisse doch ganz schön schlagfertig. Ich spielte zwar brav mit, aber der Fernsehzuschauer sollte schon merken, dass ich dieses Theater hier längst durchschaut hatte. Die Papageien-Krawatte räusperte sich unbehaglich, während der Rest der Runde mich weiterhin schweigend ansah. Es dauerte noch eine ganze Weile, dann hatte ich es endlich kapiert: DAS IST KEIN FERNSEHEN! DIE MEINEN DAS ERNST!

Zeit für eine kleine Rückblende. Vor Monaten hatte ich mich beworben. Als «Office Managerin». Man kann auch «Sekretärin» dazu sagen. Beim Amt irgendwo in Deutschland. Name und Ort behalte ich lieber für mich, das tut nichts zur Sache. Es könnte sowieso überall sein, wie ich im Zuge meiner späteren Recherchen herausfand.

Ich hatte die Bewerbung schon vergessen, für die ich mir, ehrlich gesagt, wenig Mühe gegeben hatte, als schließlich die Einladung zu einem Bewerbungsgespräch ins Haus flatterte. Klar, ich fühlte mich überqualifiziert für die Arbeit einer «Vorzimmerdame». Aber mein damaliger Job machte mir keine große Freude mehr. Eigentlich liebte ich die Arbeit. Ich hatte viel zu tun und investierte viel Zeit, aber ich durfte völlig eigenverantwortlich agieren. Ich mochte meinen Chef und er mich. Wir waren Freunde. Leider musste ich befürchten, dass der Laden schneller pleitegehen würde als das nächste EU-Land. Ich war also nicht in der Situation, besonders wählerisch sein zu können. Ich schickte meine Unterlagen los und vergaß den öffentlichen Dienst erst einmal wieder. Selbst als der Termin bestätigt wurde und das Bewerbungsgespräch unmittelbar bevorstand, setzte ich mich noch nicht sonderlich mit meiner möglichen Zukunft als «öffentliche Angestellte» auseinander.

Ich wollte mich erst am Vorstellungstag selbst ein wenig vorbereiten und wenigstens die Stellenausschreibung einmal ausführlich studieren. Was wollten diese Leute von mir? Was musste ich können? Ich hatte mir zudem ganz fest vorgenommen, die Homepage meines potenziellen Arbeitgebers durchzuackern – oder zumindest einmal durchzuklicken. Doch es kam anders. Eine meiner Kolleginnen hatte einen Unfall. Ausgerechnet an dem Tag, an dem ich beim Amt vorstellig werden sollte. Ich musste kurzfristig für sie einspringen, den freien Vormittag konnte ich vergessen. Die Homepage des Amtes klickte ich nur einmal ganz kurz an, um mir die Adresse rauszusuchen.

Ich wusste nicht mal mehr, für welchen Aufgabenbereich ich mich eigentlich bewarb. Ich hatte keine Ahnung, ob man eine Voll- oder Teilzeitkraft suchte, aber zum Glück auch nicht viel Zeit, mir darüber Sorgen zu machen. Ich war froh, dass ich es überhaupt geschafft hatte, pünktlich auf dem Amt einzutreffen. Hatte mir ein ungebügeltes Kleid übergeworfen und war mit fliegenden Fahnen dort eingelaufen, oder besser: eingerannt.

Als ich mich abgehetzt in der angegebenen Dienststelle einfand, war der hektische Teil des Tages offensichtlich abgeschlossen. Ich wurde auf einen wackligen Holzstuhl in die dunkelste Ecke gesetzt und, wie mir schien, vergessen. Minute um Minute verrann. Hatte man mein pünktliches

Eintreffen zur Kenntnis genommen? Wurde das überhaupt der richtigen Stelle mitgeteilt? Vielleicht wusste niemand, dass ich pünktlich eingetroffen war.

Gerade als ich mich beim Pförtner erkundigen wollte, ob die hohen Herrschaften heute noch empfingen, ging es endlich los: Eine Dame, die sich als Frau Rose vorstellte, begleitete mich gemessenen Schrittes über einen Flur, der so muffig roch, dass mir fast die Luft wegblieb. Ich rang möglichst unauffällig nach Sauerstoff und versuchte gleichzeitig, so wenig wie möglich zu atmen. Ungefähr alle dreißig Sekunden flackerte das kalte Neonlicht kurz auf, dann erlosch es. Frau Rose stoppte jedes Mal abrupt ab, als würde sie von diesem Naturschauspiel überrascht, dann trippelte sie ein paar Schritte zurück, zu einem nahe gelegenen Schalter. Nie nach vorn. Immer zurück. Zum Glück schien sie genau zu wissen, wo sich die Schalter befanden, denn viel sehen konnten wir nicht. Nach dreimaligem Anschalten – also nach einer langen, düsteren Reise ins Innere des Gebäudes – erreichten wir schließlich den sogenannten Konferenzsaal. Ich weiß jetzt, wie Kafkas *Schloss* von innen aussieht.

Frau Rose, die mich mehr an eine sprechende Primel erinnerte, nutzte unseren gemeinsamen Weg durch die finsteren Korridore für eine langatmige Geschichte. Sie handelte davon, wie schwierig es gewesen sei, den Konferenzraum B14/römisch III für den heutigen Nachmittag freizuhalten. Die Azubis des 47. Jahrganges *Recht/Steuern/Sport* hätten den Raum für den Abschied eines Ausbilders aus der Berufsschule *Zentrum Nord* nutzen wollen, wogegen im Prinzip auch nichts einzuwenden sei.

Doch da es sich bei meinem Bewerbungsgespräch um ein Treffen handele, an dem viele Menschen teilnehmen würden, sei der Raum B13/römisch II ein wenig zu klein und die Aula im Haus leider zurzeit nicht begehbar, weil ein impertinenter, zum Glück inzwischen namentlich bekannter Schüler des *Pestalozzi-Gymnasiums* dort eine sogenannte Stinkbombe geworfen habe, weil er … und dafür gebührend bestraft worden sei, nämlich mit einer Gebühr von …

An dieser Stelle stieg ich endgültig aus. Mehr überflüssige Informationen hatte ich zuletzt von einem Vorwerk-Vertreter erhalten, den ich versehentlich in meine Wohnung ließ – vor über 22 Jahren. Ich atmete trotz des Miefs auf, als Frau Rose mir schließlich einen Stuhl zuwies, der leicht erhöht auf einer kleinen Empore stand. Anschließend empfahl sie sich mit den Worten: «Die Mitglieder der *Entscheidungsgruppe Personal/intern* werden jeden Moment hier sein!»

Jeden Moment hier? Für einen 15-Uhr-Termin? – Inzwischen war es fast halb vier. So hatte ich wenigstens Zeit, mich ausgiebig umzusehen. Allerdings gab es nicht viel zu entdecken. Der Raum verfügte über zwei große Fenster, die man mit einem Gummibaum und anderen verkümmerten Gewächsen erfolgreich daran hinderte, ihren Job zu machen. Entweder hatte man selbst kein Interesse, mal einen Blick ins Freie zu erhaschen, oder man wollte nicht von Tageslicht und Frischluft belästigt werden. Wie konnte es in einem Raum mit so großen Fenstern nur so dunkel sein? Der grünlich braune Teppichboden trug sicherlich dazu bei, der verschluckte jeden Lichtstrahl. Düster waren auch die alten Furnierschränke «Eiche rustikal», die sich rundherum deckenhoch an die Wände drängten. Was mir aber noch mehr Sorgen bereitete, war etwas anderes. Entweder hatte hier vor kurzem noch eine Art Chorprobe stattgefunden und ich war auf dem Stuhl des Dirigenten gelandet, oder es würden sich tatsächlich acht Leute einfinden, um mich in die Mangel zu nehmen. ACHT! So viele Stühle hatte ein dienstbarer Geist jedenfalls vor mir aufgestellt. Wozu mussten mich so viele Menschen in Augenschein nehmen? Ich wollte hier allenfalls Sekretärin werden, nicht Amtsleiterin. Vielleicht war das alles bloß ein Irrtum?

Allmählich tröpfelte die *Entscheidungsgruppe Personal/ intern* in die Dunkelkammer, die nur ein Mensch mit viel Humor als «Konferenzsaal» bezeichnen würde. Es war meine erste Bewerbung im öffentlichen Dienst, und ich hatte (noch) keine Ahnung, wie viele Menschen sich wie lange (sehr lange) mit einer einzigen Angelegenheit beschäftigen können. Ohne ein Wort der Begrüßung füllten sich im diffusen Licht die Stühle mir gegenüber nach und nach mit unwirklich grau wirkenden Gestalten. Wie sich in der Vorstellungsrunde aufklärte, waren das die Frauenbeauftragte, ein Behindertenbeauftragter in ungebügeltem, verwaschenem Holzfällerhemd, ein schlecht rasierter Abteilungsleiter, jeweils ein Ober-, Mittel- und Unterchef (zumindest der Letztgenannte mit offenbar versagendem Deo, vielleicht auch vergessenem *DuschDich*). Es folgte der wirklich nette Personalbeauftragte – wenigstens einer, der mich freundlich begrüßte und mir sogar die Hand gab –, und zuletzt kam der Herr mit der Papageien-Krawatte (vermutlich der Krawattenbeauftragte).

Der Krawattenmann übernahm die Begrüßungsrunde. Mit monotoner Stimme stellte er seine Kollegen ausführlich vor. Nachdem das alle überstanden hatten, begann die Runde übergangslos, mir ziemlich verrückte Fragen zu stellen. Ich verschone Sie mit dem Großteil dieses verwirrenden Examens, aber ein paar Höhepunkte möchte ich Ihnen nicht vorenthalten.

«Können Sie stenographieren?» (Kann ich, ist aber schon zwanzig Jahre her.) «Können Sie Maschine schreiben? Wenn ja, wie viele Anschläge schaffen Sie?» (Bei Anschlägen denkt man doch heutzutage nicht ans Maschineschreiben, eher an Maschinengewehre. Außerdem zähle ich nicht die Buchstaben, die ich in einer Minute aufs Papier tippe. Ich schreibe schnell, fertig.) Die Fragen wurden nicht besser. «Wissen Sie, was WORD ist?» – «Kennen Sie das Indernedd?» (Dieses Wort wurde im vermutlich hauseigenen Dialekt ausgesprochen und bedeutet übersetzt: Internet.) «Was macht ein Amtsleiter?» (Meine Antwort darauf verpackte ich mit unsicherem Augenaufschlag und schiefgelegtem Kopf in die leise Gegenfrage: «Ein Amt leiten?»)

Ich stammelte mich über die Runden und fragte mich dabei mit wachsender Verwunderung, wann dieser Spuk endlich vorbei sein würde. Doch die *Entscheidungsgruppe Personal/intern* blieb eisern dran, knallhart investigativ ging es weiter. «Wie gefällt Ihnen unser Internetauftritt?» Jetzt zahlte sich aus, dass ich mich so prima vorbereitet hatte. Ich konnte mich lediglich erinnern, dass mir die Seite auf meinem Monitor ziemlich grau und fade erschienen war. In meiner Not sprach ich die Wahrheit. «Entschuldigen Sie die Kritik, aber ich würde die Website lebendiger gestalten.» Zu diesem Zeitpunkt konnte ich noch nicht wissen, dass Lebendigkeit im Amt ein unbekannter Fremdzustand ist. In der Entscheidungsgruppe entstand Unruhe. Der Mittelchef hüstelte, der Holzfäller rutschte unruhig auf seinem Stuhl herum, und der Personaler kratzte sich hinterm rechten Ohr.

Bei dieser Gelegenheit erfuhr ich, dass ich, falls es zu dem unwahrscheinlichen Fall meiner Einstellung kommen sollte, auch für den Internetauftritt zuständig wäre. Halleluja! Ich zählte die Sekunden. Hape, erlöse mich! Doch nun zog der Herr mit der bunten Krawatte seinen letzten Joker: «Können Sie uns sagen, wie die beiden Seiten eines Kontos genannt werden?»

Den Rest kennen Sie ja schon. Jedenfalls das meiste. Okay, ich habe mich geirrt, die *Versteckte Kamera* war an diesem Nachmittag im Konferenzraum B14/III nicht dabei. Aber es hätte durchaus sein können. Wenn man diesen Termin mit gesundem Menschenverstand analysierte, wäre das sogar wahrscheinlicher gewesen als die schlichte Wahrheit: Das achtköpfige Gremium vom Amt hatte sich anscheinend meine Bewerbung nicht einmal durchgelesen und war genauso unvorbereitet erschienen wie ich.

Ich bin ausgebildete Sekretärin mit langjähriger Buchhaltungserfahrung und darüber hinaus auch noch Steuerhilfsfrau, mit abgeschlossener Ausbildung, beglaubigt und nachprüfbar. Ich hatte die Herrschaften darüber nicht im Unklaren gelassen und all meine Zeugnisse beigelegt, die (fast) ausnahmslos ausgezeichnet sind. Wie kamen diese Leute bitte auf die Idee, mich zu fragen, was Soll und Haben ist?

Nach meiner Bemerkung mit dem Telefonjoker fand mein Bewerbungsgespräch schließlich ein erstaunlich zügiges Ende. Ich erinnere mich kaum noch an die lauwarme Verabschiedung. Ohne die Hilfe der Rose stolperte ich durch die dunklen Gänge ins Freie.

Und dann lachte ich, lachte laut und so lange, bis ich in die Knie ging. Womöglich hörte mich die Entscheidungsgruppe noch durch ihre grauen Mauern hindurch lachen. Vermutlich aber hat die *Entscheidungsgruppe Personal/intern* damals zuletzt gelacht. Eine Woche später rief mich Frau Rose an: «Herzlichen Glückwunsch. Sie haben den Job!»

Der Superbrief

Es war nicht gleich der erste Satz, den mein neuer Chef an mich richtete, aber er fiel ziemlich früh: «Liebe Frau Kollegin, Sie waren nicht unsere erste Wahl für diese Stelle. Die Bewerberin, für die wir uns eigentlich entschieden hatten, musste kurzfristig absagen.» Möglicherweise entglitten mir in diesem Moment ein wenig die Gesichtszüge, denn er setzte sofort nach: «Keine Angst, ich habe die Erfahrung gemacht, dass auch die zweite Wahl ein Hauptgewinn sein kann. Ich freue mich jedenfalls auf die Zusammenarbeit mit Ihnen.» Freundlich lächelte er mich an. «Sie hatten wirklich Glück, dass Sie den Job bekommen haben.» Da war ich jetzt nicht so sicher, aber so unbedarft, wie dieser Mann drauflosplapperte, konnte ich ihm kaum böse sein. Ich grinste zurück. «Dann bin ich also ein Schnäppchen.» Da lachte mein neuer Befehlshaber und zeigte mir sein Chefbüro und mein Vorzimmer. «Hier ist nun Ihr Reich. Sie dürfen schalten und walten, wie Sie möchten. Sie sollen sich ja wohlfühlen bei uns.» Das war doch wirklich nett.

Sie werden sich vielleicht fragen, was ich überhaupt hier suchte. Ehrlich gesagt, rotierte diese Frage auch ständig in *meinem* Kopf herum. Nach solch einem Vorstellungsgespräch konnte ich nicht ernsthaft erwarten, meinen Traumjob gefunden zu haben. Doch ich hatte keine große Wahl. Natürlich fragte ich mich schon hin und wieder, ob es klug war, meinen bisherigen Job als Assistentin des Geschäftsinhabers mit Prokura für eine Stelle im öffentlichen Dienst aufzugeben. Mein damaliger Arbeitgeber war ein kreativer Großgeist und vermied möglichst den Kontakt zum richtigen Leben. Er fuhr einen schwarzen Porsche, das teuerste Modell auf dem Markt. (Das konnte ich sogar noch verstehen; ein tolles Auto zu fahren macht wirklich Spaß.) Er schenkte seiner Freundin Schuhe zum Preis einer Maledivenreise und orderte für die Büroterrasse Pflanzen im Gegenwert eines Kleinwagens. Seine T-Shirts ließ er in Sternehotels reinigen. Schade war nur, dass ich aufgrund seines Lebensstils unsere Lieferanten immer sporadischer bezahlen konnte. Die riefen verzweifelt bei mir an, weil sie meinen Chef nicht erreichten: «Können Sie wenigstens einen Teilbetrag überweisen? Wie sollen wir denn unsere Familien ernähren?» Sie bettelten geradezu um ihr Geld. Ich tat mein Bestes, um meinem Chef ins Gewissen zu reden. Ohne Erfolg. Er muss mich für einen phantasielosen Kleingeist gehalten haben, denn er schaute mich nur mit seinen großen Bernsteinaugen verständnislos an, wenn ich mal wieder mit ihm schimpfte, und sagte: «Aber es ist doch nur Geld.»

Mich allerdings belasteten seine Schulden und die Nöte unserer Gläubiger zunehmend. Ich machte mir Sorgen um die Finanzen und vor allem um die Kollegen. Dann war auch noch sein erstes Baby unterwegs. Neue Rechnungen flatterten ins Haus: Der Kinderwagen muss von Porsche gewesen sein bei der Summe; die Windeltasche kostete mehr als alle meine Handtaschen zusammen, und ich wusste, das war nur der Anfang. Also kündigte ich schweren Herzens. Die unbezahlten Rechnungen und die schlaflosen Nächte war ich damit los. Dafür hatte ich jetzt einen Vorzimmerschreibtisch im Amt. Ob das ein guter Tausch war, würde sich noch zeigen.

Mein neuer Chef wies auf einige Papiere, die auf meinem neuen, in Wahrheit ziemlich eingestaubten Schreibtisch lagen und erläuterte mir den dazugehörigen Sachverhalt lang und breit. Die Einzelheiten der hochkomplizierten Thematik tun hier nichts zur Sache. Verstanden habe ich es sowieso nicht so genau, ich konnte mir gerade mal merken, was damit zu tun war: «Diese Verträge müssen wir dringend an Christian Wulff, den höchsten Mann unseres Landes, schicken. Aber zunächst möchte ich Sie den Kollegen vorstellen.» Er klatschte in die Hände wie ein Showmoderator, dann zogen wir durch die Büros der Abteilung. Zunächst ins angrenzende, das sein Stellvertreter bewohnte, weiter ins nächste, ins übernächste, ins überüber- und ins überüberübernächste. Das war der Vormittag.

Mein neuer Chef entpuppte sich als Freund ausschweifender Erläuterungen. Er stellte mich seinen Kollegen vor und repetierte dabei 110 Prozent all dessen, was in meiner Bewerbung stand (zumindest hatte er sie gelesen). Was er nicht korrekt erinnerte, schmückte er so jovial aus wie ein Händler auf dem Fischmarkt. So lange hatte meine Mutter noch nie über mich gesprochen, und die kannte mich immerhin. Nach der Vorstellung meiner Person waren die Kollegen dran, die zum Teil seit Jahrzehnten mit ihm auf einem Flur wohnten. Dementsprechend viele spannende Geschichten gab es zu erzählen. Langjährige Amtskarrieren, Mitgliedschaften in Sportvereinen, unangenehme Krankheiten, ausgewanderte Schwippschwager – nichts aus dem Leben der Kollegen, die sich unvorsichtigerweise nicht schnell genug verdrückt hatten, als der Chef die Zimmer stürmte, blieb mir verborgen. Wie gut, dass zwei Kolleginnen unserer Abteilung nicht auffindbar waren. Sie waren entweder krank, im Urlaub oder im Haus unterwegs – so genau wusste das niemand. Das richtungslose Geplauder wurde zunehmend anstrengender. Ich hatte meine Füße für meinen ersten Arbeitstag in meine einzigen Pumps gesteckt. Für ausführliche Stehempfänge eigneten sich diese Schmuckstücke kaum – aber auch modisch hatte ich mit ihnen deutlich zu dick aufgetragen, wie ich sehr schnell feststellen musste.

Ich rechnete hoch, wie lange es wohl dauern würde, bis ich allen Kollegen im Amt die Hand geschüttelt haben würde. Es reichte locker, um mir den Anspruch auf eine erste Kur im öffentlichen Dienst zu sichern. Bevor ich mir jedoch darüber Sorgen machen konnte, verlagerte sich das Problem. Mein Chef schaute auf die Uhr, gefolgt von diesem geschäftigen Händeklatschen: «Zeit für die Kantine!»

O Shit!

Schon in der langatmigen Vorstellungsrunde waren die heutigen Menüs mehrmals besprochen worden. In jedem Büro hing der Kantinenplan an prominenter Stelle. Und was ich da gelesen hatte, klang für mich eher böse: «Blutwurst mit Püree und Apfelmus» stand auf dem kopierten Recyclingpapier unter Menü A. Menü B nannte sich «Fleischwursteintopf». Aber ich konnte mich doch nicht gleich am ersten Tag verweigern und meinem Chef eine Abfuhr erteilen. Vielleicht wäre ja Püree mit Mus eine Option, ohne die Wurst. Das war immerhin noch besser als das Menü am Mittwoch. Da gab es «R. Geschnetzeltes, Kartoffeln, Erbsen».

Herr Bremerkamp aus dem Sportamt, den wir zufällig auf dem Gang trafen, vermutete, dass das «R.» entweder für «Rahm» oder für «Reste» stand, hier wollte sich der Koch wohl nicht in die Karten gucken lassen. Da lachten meine neuen Kollegen. «Ach, der Herr Bremerkamp, der hat immer einen lustigen Spruch auf den Lippen.» So lernte ich gleich am ersten Tag im öffentlichen Dienst: Der Speiseplan der Kantine ist ein tägliches Thema von allergrößter Brisanz. Bis das erste «Mahlzeit!» auf dem Flur ertönte, war Menü A schon einige Dutzend Male gegen Menü B angetreten, und niemand aus den Reihen der Kollegen ließ es sich nehmen, seine Entscheidung laut und deutlich zu verkünden. Verbunden mit einem Augenrollen und der Hoffnung, man möge sich heute mal ausnahmsweise nicht den Magen verderben. (Ja, der Herr Bremerkamp schon wieder mit einem lustigen Spruch.) Würde ich da jemals mitreden können? Insgeheim kannte ich die Antwort bereits.

An diesem ersten Tag aber hatte ich keine Wahl: Ich begleitete meinen Chef mit mulmigem Gefühl in die Kantine wie ein Schaf, das zum Schlachtbock geführt wird. Ich wusste, hier würde ich keinen Bissen runterkriegen. Wie war bei diesem «Geruch» nur an Essen zu denken? Aber ich bin (leider, leider) ein höflicher Mensch, profihöflich sozusagen, und unterdrückte meine aufkommende Übelkeit. Mein neuer Chef erklärte mir mit seiner Detailfreude, was man hier drinnen wissen musste. «Hier sind die Gabeln, die Messer, die großen Löffel für die Suppe, und hier finden Sie die kleinen Löffel für den Nachtisch.» Sogar Servietten gab es – wenn sie nicht gerade aus waren. Ich erfuhr, bei welcher Bedienung man sich anzustellen hatte, um die größten Portionen zu bekommen: «Die dicke Frau Böhnke da ganz rechts an der Essensausgabe, die macht die Teller anständig voll. Man will ja was bekommen für sein Geld, nicht wahr?» Da war ich mir allerdings keineswegs sicher. Ich rührte schon jetzt in viel zu viel von einem gräulichen Brei und versuchte, möglichst flach zu atmen. So höflich konnte doch niemand sein, um sich so etwas in den Mund zu schieben. Nicht mal ich. Aber mein Chef war in seine Erzählungen versunken, sodass er gar nicht mitbekam, was er sich da selbst in den Mund schob und wie appetitlos dagegen seine neue Mitarbeiterin war.

Während er immer weiterbrabbelte, bemerkte ich Frau Rose in der Schlange vor der Essensausgabe. Ich freute mich, ein bekanntes Gesicht zu sehen, und winkte ihr bemüht fröhlich zu – was angesichts der unappetitlichen Teller um mich herum gar nicht so einfach war. Keine Reaktion. Offenbar war solch eine Geste schon zu viel an menschlicher Regung. Frau Rose schaute mich nur trübe an, als sie mit ihrer trostlosen Püreeportion (ohne Blutwurst) an unserem Tisch vorbeizog.

Ich erwartete ohne große Begeisterung, dass meine Vorstellungstournee am Nachmittag fortgesetzt werden würde. Doch mein Chef hatte das Thema offenbar abgehakt, möglicherweise auch vergessen. Er kam nie wieder darauf zu sprechen. Mir war das recht. Meine Kollegen würde ich auch ohne seine Hilfe kennenlernen – mit wesentlich weniger Worten. Und meinen eigenen Lebenslauf hatte ich nun auch oft genug gehört. Außerdem roch es in den ungelüfteten Büros auch nicht besonders angenehm. Jeder Raum hatte seine eigene Dunstnote: verschwitzte Hemden oder Socken, Mettbrötchen mit Zwiebeln vom Vortag, *Klosterfrau Melissengeist* … den Rest kann und will ich nicht näher beschreiben. Es wunderte

mich nur, dass unter den Schreibtischen keine muffigen, ausgelatschten Hausschuhe standen. Na ja, wer weiß, ich hatte
ja noch nicht in alle Büros schauen können. Ich ekelte mich
vom ersten Moment an, als ich dieses Amt betrat. Und inzwischen wusste ich genau: Wenn ich hier überleben
wollte, musste ich mich schützen. Ganz oben auf meine Einkaufsliste setzte ich Desinfektionsmittel.

Nach der Mittagspause war es verdächtig still im ganzen
Haus. Es werden doch nicht alle mit verdorbenem Magen
leblos über ihren Schreibtischen hängen? Vielleicht hatte
Herr Bremerkamp vorhin auf dem Gang gar keinen Witz
gemacht. Vielleicht wollte er mich nur warnen?

Zurück in meinem Vorzimmerreich, riss ich die Fenster
weit auf. Mein Chef schaute irritiert, sagte aber nichts. Er war
schon viel zu spät dran, er wollte zu einer wichtigen Besprechung in die Rechtsabteilung eine Etage tiefer: «Ich muss mich
beeilen, der Aufzug braucht immer so lange, bis er kommt.»
Er nahm sich aber noch die Zeit, um sich wortreich dafür zu
entschuldigen, mich nun allein lassen zu müssen. Endlich war
er weg. Ich atmete am offenen Fenster durch und war froh,
mich mit produktiver Arbeit ablenken zu können. Stichwort:
Bundespräsident. Die Verträge sollten «dringlich» verschickt
werden, und mein Chef hatte mir ja heute Morgen genauges-
tens erklärt, was zu tun war. Ich suchte mir die Adresse vom
Schloss Bellevue aus den Unterlagen und legte los:

```
Sehr geehrter Herr Bundespräsident,
anbei erhalten Sie den von uns unter-
zeichneten Vertrag für Ihre Unterlagen.
Mit freundlichen Grüßen
Chef
```

Anschließend druckte ich mein Werk aus und legte alles fein säuberlich sortiert in die speckige, nur noch durch Klebeband zusammengehaltene Unterschriftenmappe, die ich nach einigem Suchen in einer Schublade fand. (Was mir dabei noch alles in die Hände fiel, davon später mehr – das ist eine Drohung.)

Ich war gerade fertig mit meinem ersten Arbeitsauftrag, da kehrte mein Chef bereits zurück. Er hatte sich im Datum geirrt. Der Termin mit der Rechtsabteilung war erst für nächste Woche angesetzt. Und er hatte Glück, der Aufzug kam ausnahmsweise direkt. Das passte gut. Ich übergab ihm die Mappe vorsichtig, damit sie nicht auseinanderfiel, mit der Bitte um seine Unterschrift. Verdutzt griff er danach und blätterte ungläubig darin herum. «Sie haben den Brief schon ganz allein geschrieben? Ich habe doch noch gar kein Diktat auf Band gesprochen.» Jetzt war ich verunsichert. Er hatte mir doch genauestens erklärt, was zu tun war. Was wollte er in diesem Fall denn noch diktieren? Verunsichert schaltete ich auf dumme Sekretärin: «Entschuldigen Sie bitte, ich wusste nicht, dass ich Ihr Diktat abwarten sollte.» Mein Chef zeigte Verständnis, schließlich war es mein erster Arbeitstag. Er nahm die Unterlagen mit in sein Büro und las den Brief mindestens viermal gewissenhaft durch. Er rief mich an seinen Schreibtisch: «Frau Kollegin, ich muss Sie loben, das haben Sie sehr schön gemacht. Und so selbständig.» Das Wort «selbständig» betonte er allerdings merkwürdig. So als ob er nicht wüsste, ob das nun ein gutes oder ein böses Wort wäre. Aber im Großen und Ganzen schien er wirklich zufrieden. Ich atmete auf. Zu früh. «Ja, wirklich, Sie haben einen sehr schönen Brief geschrieben. Aber das hier hätte ich gerne anders.» Handschriftlich kleckste er seine Änderungswünsche in meinen Brief. Ich ging mit der zerfledderten Mappe an meinen Platz zurück und tippte zum zweiten Mal los:

```
Sehr geehrter Herr Bundespräsident,
anbei erhalten Sie ein Exemplar des von uns
unterzeichneten Vertrages für Ihre Unterlagen.
Mit freundlichen Grüßen
Chef
```

(Ich hoffe, Sie haben den eklatanten Unterschied bemerkt.) Anschließend legte ich ihm den Brief wieder vor. Natürlich vorschriftsmäßig in der schmuddeligen Unterschriftenmappe. Das Schreiben wurde mindestens noch dreimal sorgfältig gelesen. Mit vielen Unterbrechungen allerdings, sodass mein neuer Chef immer wieder von vorn beginnen musste. Ständig kam jemand zur Tür rein, um eine Akte zu suchen, ein Fußball-Schwätzchen zu halten oder einfach nur, um die neue Vorzimmerdame zu begutachten. Auf wundersame Weise schien dieses kleine Briefchen immer länger zu werden, bis es schließlich unerledigt erst einmal abgelegt wurde. Die Unterschriftenmappe samt Inhalt landete auf einem bedenklich schiefen Aktenstapel auf seinem Schreibtisch. Kein Wunder, dass die Mappe so gebraucht aussah, vermutlich fiel sie öfter mal vom Stapel.

Erst am nächsten Tag sprachen wir wieder über das wichtige Schreiben an Herrn Wulff. Gleich morgens, wegen der Dringlichkeit. Mein Chef zündete Stufe zwei des Projekts. Nach der stilistischen Qualitätsprüfung galt es nun, die formalen Feinheiten durchzugehen: Hielten die Absätze die vorgeschriebenen Abstände ein? Kommt eine Leerzeile zwischen Straße und Ort oder nicht? Sind eine oder zwei Leerstellen nach dem Betreff besser? Wie groß sollte der Abstand zwischen Datum und Text sein? ... Immerhin konnte ich ihn wenigstens überzeugen, meine vorgeschlagene Aufteilung nicht zu verändern. Hätten wir nach amtlicher Vorschrift geschrieben, dann wäre der schmucklose Einzeiler ins obere Drittel des Briefes gequetscht worden, und wir hätten ein fast leeres Blatt verschickt. Ich disputierte nach Kräften: «Das sieht doch nicht gut aus, Herr Chef. Heutzutage kommt es auch auf das Aussehen an, nicht nur auf DIN-Normen. Glauben Sie mir, das habe ich in meiner Ausbildung gelernt ...» Es kostete ihn sichtlich Überwindung, von seinen ausgelatschten Pfaden abzuweichen. Gelernt war schließlich gelernt, auch wenn diese Regeln noch aus der Kreidezeit des deutschen Behördenwesens stammen mussten. Er betrachtete den Brief erneut, noch immer skeptisch, blätterte unschlüssig die Mappe durch, studierte die Kopie des Briefes ebenso ausführlich wie das Original und schien plötzlich einen Entschluss gefasst zu haben. Die Mappe wurde energisch zugeklappt – und landete wieder auf dem Aktenturm. Da lag sie auch noch an meinem zweiten Feierabend.

Mit dem Begriff «dringlich» hatte ich immer so etwas wie «schnell» oder «zeitnah» verbunden. Aber das musste vermutlich ein anderes «dringlich» sein, eines, das außerhalb des Amtes existierte. Schon am zweiten Nachmittag im öffentlichen Dienst konnte ich meinen Feierabend kaum abwarten und hatte das dringliche Bedürfnis, das Amt auf dem schnellsten Weg zu verlassen. So sieht sie aus, die Dringlichkeit in der Welt da draußen: ganz tief frische Luft atmen.

Im Krümelarchiv

Innerhalb von drei Tagen könnte man im Prinzip halb Europa bereisen, eine Fremdsprache erlernen oder eine Gartenlaube bauen, stimmt's? Wenn man allerdings wie ich in einem deutschen Amt arbeitet (oder besser: eine Stellung innehat), könnte man innerhalb von drei langen Tagen auch nur seinen Arbeitsplatz aufräumen – und nicht mal damit fertig werden. Schon allein wegen der vielen Unterbrechungen schaffte ich nicht mal ansatzweise mein angestrebtes Pensum. In regelmäßigen Abständen stand mein Chef vor mir und kündigte an, dass er sich *dringlich* überlegen müsse, wie er mich schnellstmöglich einarbeitet. Aber wir wurden ständig unterbrochen. Ich beim Aufräumen, er beim Überlegen. Immer wieder kamen Besucher, die einen Fußball-Schwatz mit meinem Chef halten wollten, eine Akte suchten oder die einfach nur die neue Vorzimmerdame mit der merkwürdigen Garderobe begutachten wollten. Ich wiederhole mich? Ich kann nichts dafür, die Abläufe wiederholten sich, ebenso wie die Gespräche.

Manche Kollegen kamen ja auch mehrmals, um das gleiche Fußballgespräch zu führen – nur über andere Vereine.

Irgendwann zwischen all den Gesprächen und Aufräumungsarbeiten gelangte das zerfledderte Ding (ich meine die verfallene Unterschriftenmappe) mit dem wichtigen Schreiben an den wichtigsten Mann unseres Landes wieder auf meinen Schreibtisch. Ach ja, der Präsidentenbrief! Ich hatte ihn schon fast vergessen, als mir die schmuddelige Unterschriftsruine feierlich überreicht wurde mit den Worten: «Haben Sie das Schreiben auch nach Tippfehlern durchgesehen? Und bitte überprüfen Sie noch die Adresse. Wenn das alles richtig ist, sagen Sie mir bitte Bescheid. Dann kann ich Ihnen erklären, wie Sie die Unterlagen versenden, denn bringen Sie den Brief bitte persönlich zur Poststelle, nicht über die Hauspost, das dauert sonst zu lange.» Ich bin ja Profisekretärin und einiges gewöhnt: «Selbstverständlich, Sie können sich darauf verlassen, Herr Chef», sagte ich und begann die inzwischen durcheinandergeratenen Vertragsunterlagen zu sortieren.

Endlich wurde ich dieses Schreiben los. Ich werde wohl nie erfahren, ob der Präsident unseren schönen Brief zu würdigen wusste. Und die langwierige Arbeit damit. Ob er die zweifache Zeilenschaltung bemerkte? Und die kunstvolle zusätzliche Leerzeile, die ich heimlich, gegen alle amtlichen Regeln verstoßend, eingefügt hatte? Oder würde sich der ahnungslose Empfänger einfach nur den Vertrag schnappen?

Ich verabschiedete den wichtigen Brief wunschgemäß persönlich auf seinen Postweg und machte mich erleichtert an meinen Job als Innenarchitektin. In dieser Hinsicht leistete ich hier drinnen wirklich Pionierarbeit. Ich drehte den

Schreibtisch so, dass ich nicht mehr für jeden Ausdruck komplett um den Tisch herum bis zum Drucker laufen musste. Das sparte Zeit und hatte zudem den angenehmen Effekt, dass ich nicht ständig mit dem Oberschenkel gegen die Schreibtischkante stieß, wenn ich eilig zum Drucker wollte. (Zu Hause wurde ich schon gefragt, ob im Amt noch die Prügelstrafe eingesetzt würde.) In Zukunft brauchte ich nach dieser Schreibtischdrehung nur noch hinter mich zu greifen und nach den Ausdrucken zu angeln. Zum Chefbüro war es so rum auch viel näher. Ich hatte die Eingangstür im Blick und konnte somit die Besucher sofort identifizieren, ohne mich ständig umdrehen zu müssen. Außerdem blendete die Sonne nicht mehr, wenn ich auf den Bildschirm meines Computers schaute. Wie hatten meine Vorgängerinnen eigentlich arbeiten können? Und es *hatte* vor mir schon Vorzimmerdamen gegeben – es gab sichtbare Beweise. Überall stieß ich auf Überbleibsel der Damen. Genau definieren konnte ich das zum Teil noch in Alufolie verpackte Etwas zunächst nicht, das im Geschirrschrank vor sich hin gammelte. Unvorsichtigerweise berührte ich diesen Gegenstand, der daraufhin wie eine ägyptische Mumie zerbröselte. Bei genauerem Hinsehen erkannte ich, dass es sich um einen Schokoladen-Nikolaus gehandelt haben musste – vermutlich noch aus der Weimarer Republik.

Ein weiterer Beweis für die Existenz meiner Vorgängerinnen war, dass mein Chef öfter mal nach mir rief: «Frau (Pause), ähm, Frau – Kötter, ich meine Frau Vögler, Entschuldigung, Frau Vogler, ach nein, das waren Ihre Vorgängerinnen. Die habe ich auch immer verwechselt. Entschuldigen Sie bitte, liebe Frau Kollegin, können Sie mal kommen?» Es folgten weitere ausführliche Entschuldigungen, die ich abzukürzen versuchte: «Ach, das macht doch nichts, Herr Chef, nennen Sie mich einfach, wie Sie wollen, ich weiß ja, dass Sie mich meinen.» Leider ließ er sich davon nicht stoppen und entschuldigte sich schier endlos weiter. Über seinem Monolog vergaß mein Chef schließlich, warum er mich eigentlich gerufen hatte, und entließ mich zurück ins Vorzimmer.

Ein solches Büro hatte ich in meiner gesamten Laufbahn noch nicht erlebt. Und ich habe schon viel Chaos gesehen. Alles, was ich anfasste, war mit einer dicken Staubschicht bedeckt. Erst mal spülte ich klebriges Geschirr. Ein klassisches Sammelsurium aus Flohmarktbeständen, das sich in den schmierigen Schränken versteckte. Ich wischte die Schränke aus, entsorgte ein Kunstblumengesteck mit zugehörigem Osterkörbchen aus graugrünem Plastik und sammelte die Akten, die in diesem Chaos immer wieder auftauchten, auf einem Stapel. (Ach, so schnell bilden sich also Aktenstapel?!)

Ich entdeckte unbenutzte Kalender aus vergangenen Zeiten mit diversen Firmenaufdrucken, die ich kurzerhand im Papierkorb entsorgte. Werbegeschenke von Unternehmen, die schon längst nicht mehr existierten. Ich spürte Haarspraydosen und eine Fußcremetube auf, eine blickdichte Strumpfhose (gebraucht), Maggibrühwürfel (Verfallsdatum unleserlich), zwei Rundbürsten, einen Stahlkamm, ein Exemplar von *Der praktische Küchenratgeber* aus dem Jahr 1962 sowie eine Mundorgel. In der obersten Schublade meines Schreibtisches lagerte ein Päckchen Zigaretten der Marke Ernte 23. Elf Stück für eine Mark. Die hob ich vorsichtshalber auf, vielleicht konnte ich die noch gebrauchen. Im absoluten Notfall waren die Kippen als Räucherstäbchen zu verwenden. Zum Beispiel für ein ungelüftetes Chefbüro nach dem Verzehr von aufgewärmten Fleischkäsebrötchen, deren Duftmarken sich bis zu mir ausbreiteten. Und überall in den Schubladen fand ich Krümel. Kekskrümel, Schokokrümel, Tabakkrümel und noch viel schlimmere Krümel, bunt gemischt mit verrosteten Büroklammern und angeknabberten Bleistiften. Ach, und Stempel, jede Menge Stempel zwischendrin, mit vierstelligen Postleitzahlen.

Verwundert über die Geschäftigkeit in seinem Vorzimmer, eilte mein Chef herbei. Er schaute irritiert, als er die Verwandlung registrierte. Man sah ihm an, dass ihn meine Vorgehensweise in Verwirrung stürzte. Sicher überlegte er, ob er in Sachen Vorzimmer einen Fehler gemacht haben könnte. War es klug, mich da eigenmächtig handeln zu lassen? Musste er das überdenken? Erschrocken stürzte er an meinen Papierkorb und zog das Exemplar eines Werbegeschenkkalenders von 1987 hervor. «Den werfen Sie weg? Da sind doch so schöne Bilder drin, vielleicht können wir die noch gebrauchen.» Ich erklärte ihm, dass ich mein Büro mit eigenen Bildern zu verschönern gedachte. «Lieber Herr Chef, ich muss Ihnen etwas gestehen. In meiner Freizeit kleckse ich eigenmächtig Farbe auf Leinwände. Meinen Sie, es wäre möglich, dass ich ein oder zwei meiner eigenen bescheidenen Werke aufhängen dürfte?» Mein serviler Tonfall zeigte Wirkung. Die Hierarchie war geklärt. Mit meinem bescheidenen Kleinmädchenblick hatte ich ausgedrückt, dass ich nicht das Zepter übernehmen, sondern lediglich aufräumen und sauber machen wollte. Mein Chef nickte schließlich gönnerhaft. «Machen Sie mal, wie Sie denken. Sie sollen sich ja wohlfühlen bei uns.»

Dankbar für diese noble Geste schlug ich vor: «Ich könnte Ihnen die schönen Bilder aus den Kalendern ausschneiden und nach Jahren geordnet in die Unterschriftenmappe legen, die ist ja wieder frei, jetzt, wo der Präsidentenbrief versandt ist.» Die Frage, ob ihm eine Sortierung nach Jahreszeiten lieber wäre, konnte ich nicht mehr stellen, denn nun zeigte er besorgt auf meinen Mülleimer. «Diese Stempel – sind das wirklich alles alte?» Ich sah förmlich, wie er überlegte, ob seine neue Mitarbeiterin die fehlende fünfte Stelle der *neuen* Postleitzahlen womöglich per Hand hineinschnitzen könnte. Das konnte ich ihm glücklicherweise schnell austreiben. «Ich war schon im Kindergarten nicht besonders gut im Kartoffeldruck.» Er lachte, wenn auch etwas gequält, immerhin hatte mein Chef Humor. Das Wegwerfen aber fiel ihm sichtlich schwer, selbst wenn es sich um Müll handelte. Die nächste Frage ließ nicht lange auf sich warten: «Aber Sie werfen doch keine Dokumente weg, oder? Das sind alles amtliche Unterlagen.» Stolz zeigte ich auf meinen ersten selbst angelegten und inzwischen schiefen Aktenstapel neben dem Telefon: «Nein, Herr Chef, geschäftliche Unterlagen (und alte bis sehr alte Ausgaben von Frauenzeitschriften) habe ich alle hier gesammelt. Die werde ich bei Gelegenheit sichten.»

Nur mäßig beruhigt, verzog er sich hinter seinen Schreibtisch. Ich konnte förmlich spüren, wie seine gesamte Aufmerksamkeit nun auf mir und meinem weiteren Vorgehen ruhte – und lastete. Und ich bin sicher, er machte an diesem Tag Überstunden, um nach meinem Abgang meinen Abfall zu sichten.

Der Fleck ist weg

Niemand kümmerte sich um mich. Zu Beginn meiner zweiten Woche auf dem Amt war mein Chef für einige Tage unterwegs. Auf einer Tagung. Alle Kollegen aus unserer Abteilung, die ich fragte, ob ich etwas für sie tun könne, schauten mich nur verständnislos an und schüttelten verwundert die Köpfe über diese ungewöhnliche Frage. Na gut, dann würde ich die ungestörte Zeit nutzen, um mich den Aktenstapeln im Chefbüro zu nähern.

Wie schon beschrieben, lagern (und liegen) in unseren Büros stapelweise staubige Akten. Mal abgesehen von dem neuen Stapel direkt neben meinem Telefon, den ich nach meiner Schrank-Säuberungsaktion aufgebaut hatte. Mein erster eigener Aktenturm hatte schließlich noch keinen Staub angesetzt. Da sah es im Chefzimmer ganz anders aus.

Um mich seelisch und moralisch auf die nächsten Aufräumarbeiten einzustimmen, drehte ich eine Runde auf unserer Etage. Nachdem ich mir auf dem Gang den neuesten Witz von Herrn Bremerkamp abgeholt und sofort wieder vergessen hatte, lernte ich eine weitere Mitarbeiterin kennen. Sie stand schimpfend am Kopierer. Die dünne hochgewachsene Dame fluchte das streikende Gerät an und stellte sich nebenbei als Frau Trotann vor: «... mit einem ‹o›, ohne ‹h› und mit zwei ‹n› ...» Ihr Hals war lang, dünn und sehr faltig. Die Falten wackelten bei jeder Bewegung und bei jedem Fluch ein wenig nach. Ich half dem Truthahn – Entschuldigung, der Kollegin Trotann natürlich – den Papierstau zu beseitigen. Endlich, der Kopierer kopierte wieder, aber sie meckerte trotzdem weiter. Das unschuldige Vervielfältigungsgerät sah sehr betagt aus und tat mir leid. «Ach, er hat sich doch nur mal verschluckt, der arme alte Kopierer, er hat es bestimmt nicht böse gemeint.» Schnell floh ich vor weiterem Geschimpfe in mein muffiges Reich zurück.

Erst mal wieder Fenster auf, durchatmen. «Okay, auf in den Dreck.» Ich nahm mir zur Durchsicht einen Stapel aus der hintersten Ecke des Chefbüros vor – sehr vorsichtig wegen des Staubs. Ganz hinten aus der allerletzten Ecke, wo es nicht gleich auffiel, dass ich eigenmächtig herumwühlte. Ich weiß, was Sie jetzt denken: «Wie kann sie nur eigenmächtig in den Chefsachen wühlen?» Aber ich versichere Ihnen, er hatte mich mehrmals eindringlich gebeten, bei ihm aufzuräumen, und betont: «Mein Reich, liebe Frau Kollegin, ist auch Ihr Reich.» Nach der letzten Reaktion auf meine Neuerungen war ich allerdings etwas vorsichtiger geworden.

Die Akten betrafen Projekte, die vor dreißig Jahren begonnen und vor beinahe ebenso vielen Jahren auch wieder abgeschlossen worden waren. Zwischen diesen alten Akten steckten, keiner erkennbaren Ordnung gehorchend, einzelne Zettel und hin und wieder auch amtliche Schriftstücke, offensichtlich von aktuelleren Vorgängen. Solche Zettel tauchten überall auf, oft gab es das gleiche Schriftstück, mehrfach kopiert, an verschiedenen Stellen. Sogar in einem Mittelgebirge aus alten Broschüren, Zeitschriften und (noch mehr) veralteten Kalendern entdeckte ich solche Zettel.

Selbst in den Ordnern fand sich Unglaubliches an unglaublichen Stellen. Was hier alles abgeheftet wurde, auch wenn völlig klar sein musste, dass die dritte Kopie einer dritten Kopie nie wieder gebraucht würde! Zweifach, dreifach, vierfach, wer kopiert mehr? Mitten in diesen wichtigen Überlegungen wurde ich unvermittelt aufgeschreckt.

Mein Chef stand im Türrahmen und strahlte mich freundlich an. Seine Tagung war ihm zu langweilig, sodass er früher als erwartet *nach Hause* kam: «Guten Tag, schön, Sie zu sehen, Frau Kollegin, ich wollte Sie nicht so lange allein lassen, und ich hatte Heimweh.» «Guten Tag, Herr Chef, ich war sehr fleißig während Ihrer Abwesenheit. Wollen Sie mal schauen?», begrüßte ich äußerlich freundlich meinen viel zu früh heimgekehrten *Büromitbewohner.*

Ich erklärte, dass die Ordner, die ich während seiner Abwesenheit angelegt hatte, jetzt ordentliche Ordner-Schilder auf ihren Rücken hatten. Sogar mit Angabe der tatsächlichen Inhalte. Herr Chef staunte, während ich weiterredete, um ihm keine Gelegenheit zum Nachdenken zu geben: «Die Unterlagen in den Ordnern habe ich chronologisch umsortiert. Jetzt ist das Neuste obendrauf. Das erleichtert die Arbeit, ich muss nicht für jedes Blatt, das ich abheften will, den ganzen Papierstapel im Ordner umblättern. Außerdem möchte man doch immer die neueste Info zuerst haben und nicht jedes Mal am Anfang beginnen, nicht wahr?»

Das war eine geschickt platzierte Frage, auf die er einfach nicken *musste.*

Trotzdem war mein Chef sichtlich irritiert über diese ganzen Neuerungen. Schon wieder eine Veränderung, die ihm schwer zu schaffen machte. Nach einiger Überlegung sprang er aber tatsächlich über seinen Schatten. Er klatschte entschlossen in die Hände. «Liebe Frau Kollegin, wenn es Ihnen die Arbeit erleichtert, soll es mir recht sein.» Nach sorgfältiger Abwägung der Vor- und Nachteile dürfe ich «machen, was ich will» (Zitat). Unter einer Bedingung: «Sie müssen mir versprechen: Sobald ein Vorgang abgeschlossen ist, muss alles in die bewährte amtliche Reihenfolge umgeheftet werden.»

Jetzt war ich irritiert und sprachlos, auch noch während mein Chef akribisch die neuen computerbeschrifteten Rückenschilder auf den Ordnern bewunderte. «Das sieht ja toll aus, richtig professionell. Ich wusste gar nicht, dass unser Drucker das kann.» Kurze Pause, gerunzelte Stirn. «Aber sagen Sie mal, Frau Kollegin, wo ist denn der Ordner mit dem braunen Fleck rechts unten in der Ecke? Ich glaube, das war ein Schokoladenfingerabdruck. Und der Ordner mit dem blauen Tintenfleck in der Mitte? Da sind wichtige aktuelle Unterlagen drin.»

Dass solche Fragen nun öfter kommen würden, das konnte ich zu diesem Zeitpunkt schon dunkel erahnen. Vor meiner Zeit herrschte hier das totale Chaos, und seit meiner Amtszeit beginnt es so ordentlich zu werden, dass sich erst recht niemand zurechtfindet. Keiner scheint hier mit organisierter Ordnung umgehen zu können. Sie wird anscheinend weder erwartet noch verlangt, nicht mal angestrebt.

Mein Chef fragt mich nun ständig, wo der Ordner mit dem Fleck rechts unten ist. «Wissen Sie, Frau Kollegin, das war der Ordner mit dem kaputten Mechanismus.» Und dann überlegen wir gemeinsam, ob der Fleck ursprünglich vielleicht doch rechts oben war.

Wasserloch

Natürlich koche ich auch Kaffee und Tee. Schließlich bin ich eine VoZiDa (Vorzimmerdame). Je nachdem, wie man diese Abkürzung betont, klingt es wenig schmeichelhaft, versuchen Sie es mal. Aber genau so fühle ich mich, wenn ich in der Etagenküche die Kaffeetasse meines Chefs reinige und auf die Kollegin treffe, die ich *immer* dort treffe. Natürlich kann ich ihren richtigen Namen nicht verraten, denn sonst wüssten ja alle, dass sie sich *ständig* in der Teeküche vor dem Kaffeeautomaten rumdrückt. Ich nenne sie die «perfekte Hausfrau».

Hausfrau deswegen, weil sie immer einen praktischen Haushaltstipp für mich parat hat. Das ist auch an diesem Tag nicht anders. Um meine VoZiDa-Routine aufzulockern und um nett zu sein, beginne ich ein Gespräch: «Sie haben doch immer so gute Tipps. Wissen Sie vielleicht auch, wie man die Knötchenbildung an Kaschmirpullis verhindern kann?»

Wuschschsch ... In Sekunden kühlt sich die Zimmertemperatur runter aufs tiefste Sibirien. Mit bösem Blick kanzelt mich die perfekte Hausfrau ab, als hätte ich etwas ganz Gemeines oder Anstößiges gesagt. «Ich besitze keinen Kaschmirpullover!», bellt sie mich barsch an, dreht sich um und stapft wütend den Gang hinunter.

Ich fühle mich schlecht, weil ich einen Fauxpas gelandet habe. Und das nur, weil meine Haut so empfindlich ist. Ich möchte mich erklären, habe das Bedürfnis, mich für meine edlen Pullover zu entschuldigen. «Ich kann doch nichts dafür», will ich rufen, «ich vertrage keine synthetische Wolle, die kratzt», aber die Hausfrau ist schon verschwunden. Vermutlich ist sie auf dem direkten Weg zu den Kolleginnen, um Dampf abzulassen und klarzustellen, dass ich eine angeberische, eingebildete Person bin. «Kaschmirpullover», wird sie so abfällig aus ihren Lungen pressen, als gäbe es keinen schlimmeren Müll auf Erden. Ich fühle mich noch schlechter und muss an Atommüll denken, der doch so viel schlimmer ist, weil wir nicht wissen, wohin damit. Mit meinen Pullis kann ich wenigstens etwas anfangen – ich trage sie gerne.

Vielleicht kann ich das wiedergutmachen, wenn ich die perfekte Hausfrau das nächste Mal in der Küche treffe. Vielleicht kann ich dann meinen Kaschmir-Fettnapf auswischen. Ich werde sie fragen, ob sie einen Tipp hat, wie wir diese unappetitliche Etagenküche sauber machen und sauber *halten* können. Das verlangt nach einem ausgefuchsten Plan. Vielleicht lässt uns das ja etwas näher zusammenrücken und die Kaschmir-Krise überwinden.

Die sogenannte Küche ist leider nur als Wasserloch zu bezeichnen. So was Unappetitliches habe ich noch nie gesehen. Die Spülbürste, mit der hier alle ihr Geschirr reinigen, würde ich nicht mal als Klobürste einsetzen. Die Spüllappen liegen Tag und Nacht im nassen, verschmierten Waschbecken, und die Trockentücher würde ich nicht mal benutzen, um Altöl aufzuwischen. Diese Küche und der widerliche ka… kac… khakibraune Teppichboden im Amt haben dieselbe DNA, symbolisch betrachtet; ästhetisch und hygienisch sind beide gleichermaßen katastrophal. Das ist nicht witzig – in Wahrheit ist es so ekelhaft wie gesundheitsgefährdend.

Ich trage heimlich immer meinen eigenen Spülschwamm bei mir und passe auf, dass er nur mit meinem Geschirr in Berührung kommt. Außerdem desinfiziere ich meine Hände jedes Mal, egal ob ich das Geschirr spüle oder nur ein wenig Wasser hole. Vielleicht hat die perfekte Hausfrau ja auch einen Tipp, wie wir den Blutfleck an der Wand direkt hinter der Spüle entfernen können. Der Hausmeister hatte sich bei der Reparatur des Wasserhahns in den Finger geschnitten und die Wand offensichtlich mit einem Pflaster verwechselt. Aber ich fürchte, der Blutfleck wird bleiben müssen. Ich traue mich gar nicht mehr zu fragen. Ich traue mich überhaupt kaum noch, jemanden anzusprechen, ich werde entweder sowieso nicht verstanden, oder ich verstehe die Antworten nicht. Außerdem hat sich der Fleck bereits farblich verändert, allmählich verliert er seinen Schrecken und passt sich den anderen Kaffee-, Suppen-, Soßen- und sonstigen Flecken an. In einem Jahr wird er nicht mehr zu unterscheiden sein von dem Rest.

Vor einigen Tagen hatte ich die Idee, ein paar Fliesen mitzubringen, auf meine Kosten selbstverständlich. Ich wollte den Bereich hinter der Spüle eigenhändig und eigenmächtig fliesen, ganz ohne schriftliche Anträge. Ich fragte meine Kollegen, ob sie damit einverstanden wären, aber ich erntete nur verständnislose Blicke.

Wirklich erstaunlich, wie viele Gedanken man sich über

eine kleine verdreckte Küche machen kann. Und überhaupt: wie viele sinnlose Gedanken durch (m)ein Hirn tanzen können, wenn es keine andere sinnvolle Tätigkeit übernehmen kann. Ich tröste mich damit, dass der Sinn meiner amtlichen Tätigkeit vielleicht darin liegt, dass ich den Irrsinn der anderen (und vielleicht auch den eigenen, jedenfalls soweit ich den bemerke) klar erkennen und davon berichten kann. Vom ganz normalen Wahnsinn eben. Ich glaube, ich muss mir Kafka besorgen, den habe ich zum letzten Mal in der Schule gelesen. Er war ja Meister in der Beschreibung des normalen Wahnsinns – vielleicht kann er mich trösten. Kafka war schließlich auch im Amt.

Auf jeden Fall werde ich den Hausmeisterfleck in der Küche aufmerksam beobachten.

FKK

An guten Tagen fühle ich mich wie eine Wächterin. An schlechten wie eine Wachhündin. Niemand, der meinen Chef sprechen möchte, kommt an mir vorbei. Alle Anrufer laufen bei mir auf. Vielleicht hundertmal am Tag erwartet man das «Fräulein vom Amt» von mir: «Einen Moment bitte, ich verbinde.» Oder: «Tut mir leid, Herr Chef telefoniert, kann ich etwas ausrichten?» Diese Frage stellte ich allerdings nur in den ersten Tagen – ein Anfängerfehler. Ich erhielt daraufhin so unglaublich ausführliche Antworten, dass ich kaum mehr dazu kam, *weitere* Anrufe entgegenzunehmen. Da wurden Angelegenheiten in allen verzichtbaren Details vor mir ausgebreitet, von denen ich nicht mal einzelne Begriffe verstand. Von sinnvollen Sachverhalten, die ich an meinen Chef weitergeben konnte, ganz zu schweigen.

Ein Anrufer aus dem *Dezernat zur Förderung kommunaler Kommunalverwaltung*, der es im Übrigen gar nicht erst für nötig hielt, seinen Namen zu nennen, blökte dermaßen in den Hörer, dass ich ihn vor Schreck fast fallen ließ: «Fragen

Sie Ihren Chef mal, ob er endlich die Unterlagen zu den Entwürfen von ... ähem ... Sie wissen schon, was ich meine, diese Unterlagen eben ... also, ob er die schon durchgesehen hat. Verstehen Sie?» Ich schüttelte den Kopf. Bevor ich auch nur Luft holen konnte, um nachzufragen, polterte der Mann schon weiter. «Hat Ihr Chef noch Änderungswünsche zu den Entwürfen der Eingaben zur Gesetzesvorlage in der Angelegenheit, die ich ihm vor drei Wochen, warten Sie, genau am dreiundzwanzigsten Dezember um zehn Uhr zweiundvierzig zugemailt habe? Er hat darauf immer noch nicht geantwortet. Ich muss seine Antworten in die Entwürfe einarbeiten und ihm erneut zur Mitzeichnung vorlegen. Verstehen Sie?» Wieder schüttelte ich den Kopf. Hoffnungslos, ich bekam keine Gelegenheit für eine Rückfrage. Der Mann fuhr unverdrossen fort: «Dazu benötige ich von ihm die ausgearbeiteten Anlagen 12 bis 37 in vierfacher Ausfertigung mit beglaubigter Unterschrift und Siegel von ganz oben. Ich brauche das alles bis elf Uhr.» Klick. Ein lautes Klick. Aufgelegt. Oder treffender: aufgeknallt.

Es war bereits 10:20 Uhr. Lange hatte der Monolog des FKK-Dezernenten (*F*örderung *k*ommunaler *K*ommunalverwaltung) gedauert. Ich vermutete zumindest, dass es sich um den Dezernenten handelte, bei *diesem* Auftreten. Mein Chef führte gerade ein entspanntes Telefonat mit seiner Tochter aus zweiter Ehe. Lässig hatte er sich weit in seinen Chefsessel zurückgelehnt. Es klang, als würde das noch ein wenig länger dauern. Ich wurde nervös. Wie sollte ich die Unter*schriften* mit Siegel in dieser kurzen Zeit herbeizaubern, wenn ich noch nicht mal die Unter*lagen* hatte? Die mussten doch sicher erst noch zusammengestellt werden. Wie ich meinen Chef inzwischen kennengelernt hatte, war da vermutlich noch nichts vorbereitet. Und der FKK-Chef schien kein angenehmer Kollege zu sein. Unterbrechen wollte ich meinen Chef jetzt auch nicht einfach so, aber ich konnte doch nicht untätig abwarten, während sich da eine Krise anbahnte. Also malte ich ein Schild, das ich an seiner Tür mit entschuldigender Miene hochhielt wie ein TUI-Mitarbeiter am Flughafen, der einen Scheich abholen soll: *FKK bittet dringend um Rückruf bis 10:30 w/Gesetzesvorlage (o.Ä.) für die Konferenz um 11:00.*

Mein Chef nickte mir entspannt zu – und ließ sich noch tiefer in den Sessel sinken, um mit seiner Tochter weiter über ihr gemeinsames Essen vom Vorabend zu plaudern. Sie waren erst beim zweiten Zwischengang.

Ich begann zu schwitzen. Meine Güte, der Mann hatte Nerven. Ungeduldig suchte ich die Umgebung meines Schreibtisches nach den FKK-Unterlagen ab. Oft legte mein Chef heimlich Unterlagen auf meinen Tisch, wenn ihm kein besserer Ort dafür einfiel. Ich wurde immer nervöser, aber nicht fündig. Wie denn auch, in diesem unsortierten Durcheinander? 10:45 Uhr, ich hatte inzwischen noch einmal mutig mein gebasteltes FKK-Schild ins Chefbüro gestreckt. Endlich beendete mein Chef sein Telefonat. Erleichtert stürzte ich herbei: «Wo finde ich die ausgearbeiteten Anlagen 12 bis 37, dann könnte ich die doch schon mal kopieren?» Mein Chef schaute mich noch immer völlig entspannt an. «Ach, das eilt nicht, ich kümmere mich morgen darum.»

Er musste die tanzenden Fragezeichen über meinem Kopf wahrgenommen haben. «Keine Aufregung, das alles brauchen wir erst für die Konferenz um 11:00 Uhr – morgen.» Grinsend setzte er hinzu: «Der Dezernent für den FKK-Bereich macht immer so viel Wind!»

So lernte ich «by doing», wie ich idealerweise auf Anrufe des FKKlers zu reagieren hatte – und auch auf alle anderen. Nämlich mit Gleichmut. Und vor allem lernte ich, nie wieder zu fragen, ob ich etwas *ausrichten* könne. Als Fräulein vom Amt brauchte ich nur freundlich in den Hörer zu rufen: «Einen Moment bitte, ich verbinde.» Oder, falls das nicht möglich sein sollte, weil er gerade nicht zu sprechen war: «Soll Herr Chef zurückrufen?» Ich verfeinerte dieses Programm mit der Zeit noch ein wenig, zumal Freundlichkeit im Amt sowieso nicht üblich schien. Schlicht und effektiv rief ich bloß noch: «Ich verbinde.» Oder, Variante zwei: «Sollerzurückrufen?» Damit hatte ich den Grundkurs «Telefonieren im Amt» bestanden.

Herrn Dickmann war es zu verdanken, dass ich auch die weiterführenden Erkenntnisse in der hohen Kunst der Telekommunikation schnell verinnerlichte. Herr Dickmann ist ein Herr mit gelbgrauen Pullundern und einer langen Karriere in der Abteilung *Soziales für Senioren, Kinder und Jugend*. Ein freundlicher Herr mit wunderlich quergekämmtem Haupthaar, bestehend aus maximal fünf verbliebenen Strähnen. Diese Haarpracht faszinierte mich immer wieder aufs Neue. Vom netten Herrn Dickmann lernte ich den Vier-Schritte-Plan der perfekten Telefonie, als ich (lange) in seinem Zimmer stand und auf eine Unterschrift wartete. Seine Art zu telefonieren war reinste Meditation.

Schritt 1:
Mindestens dreimal klingeln lassen, besser fünfmal. (Wer mehr als zehn Klingeltöne durchsteht, ohne nervös zu werden, erhöht seine Chance, nicht weiter belästigt zu werden.)

Schritt 2:

Bleiben wir bei dreimal Klingeln, das ist absolutes Minimum. Das scheint die Zeitspanne zu sein, die der Ton benötigt, um in aller Ruhe im Ohr anzukommen und unmissverständlich ans Gehirn übertragen zu werden. Wenn dann beim vierten Klingelzeichen der Entschluss gefasst wird, eventuell abzuheben, dann wandert zunächst einmal der Blick zum Display, damit festgestellt werden kann, wer sich überhaupt traut, die amtliche Ruhe zu stören.

Schritt 3:

Es folgt eine gründliche Bedenkzeit. Ist der Anrufer bekannt? Ist er willkommen? Ist er wichtig genug, angehört zu werden? Falls dem so ist, muss der Befehl vom Gehirn noch an die Hand übertragen werden – auch das braucht seine Zeit. Erst dann erfolgt eine meditative Bewegung zum Telefon.

Schritt 4:

Hat der Hörer den Aufstieg zum Ohr geschafft – der Weg ist weit –, wird erst einmal tief durchgeatmet. Jetzt gilt es die Lungen mit muffiger Amtsluft zu füllen, denn es braucht einen langen Atem, das ausführliche Sprüchlein aufzusagen. Es erinnert ein wenig an das Spiel *Stadt-Land-Fluss*, nur länger: *Deutsches Amt für … und für … in – nennen wir es «Höllenstadt am Baggersee» –, Dezernat V/II Soziales für Senioren, Kinder und Jugend intern und extern. Sie sprechen mit Herrn Dickmann, wie kann ich Ihnen helfen?*

Sagen Sie das doch mal in einem Schwung! Ich musste das richtig üben. Dass ich dabei jetzt nicht mehr aus der Puste komme, gehört zu den Dingen im Amt, auf die ich heute wirklich stolz bin.

Ich nahm mir vor, die vier Stufen des korrekten Telefonverhaltens im öffentlichen Dienst in Zukunft selbst anzuwenden. Aus diesem Grund habe ich das nachfolgende Telefonprotokoll eines Vormittags im Amt niedergeschrieben – ich wollte einfach sehen, ob ich auch schon so routiniert wie Herr Dickmann telefonierte. Leider erwies sich die Praxis des vierstufigen Telefonverkehrs als überaus störrisch: Bei meinen Anrufern war das neu erlernte Telefonverhalten nicht anwendbar. Meine Anrufer legten *nicht* auf! Sie ignorierten einfach, dass ich sie ignorierte. Sie ließen es erbarmungslos so lange klingeln, bis ich die Nerven verlor. Ich glaube, sie hätten so lange durchgehalten, bis irgendwer irgendwann abgenommen hätte, und wenn es nur die Putzfrau gewesen wäre.

Immer wieder rufen bei meinem Chef Leute an, die ihre Dienstleistungen verkaufen wollen. Banker, Anlageberater usw. Wir haben keinen Bedarf. Mein Chef spricht das aber nie aus, nein: Er vertröstet sie. So ruft seit mindestens einem Jahr ein Herr regelmäßig an (vielleicht probiert er es auch schon seit über dreißig Jahren, ich weiß es nicht, ich bin ja noch nicht so lange hier). Das läuft dann so:

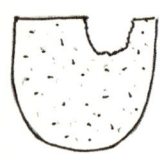 07:13 Uhr *Düdelüdüdelü.* Ich gehe ran, nachdem ich noch schnell ein zu großes Stück meiner Stulle runtergewürgt habe. «Guten Morgen, hier ist Geldmacher, kann ich bitte Herrn Chef sprechen?»

«Herr Chef ist noch nicht im Haus, soll ich etwas ausrichten?»

Es gelingt mir, nicht zu husten, obwohl mir ein Krümel im Hals steckt.

«Nein danke, ich versuche es später wieder.»

08:32 Uhr   *Düdelüdüdelü*. «Noch mal Geldmacher hier. Ist Herr Chef jetzt zu sprechen?»

«Tut mir leid, er ist gerade im Haus unterwegs.» (Er ist auf dem Klo, das verrate ich aber nicht.)

09:15 Uhr   *Düdelüdüdelü*. «Habe ich jetzt mehr Glück? Hier ist wieder Geldmacher.»

«Jetzt ist Herr Chef in einer Besprechung.» (In Wahrheit ist ein Chef-Kollege gekommen. Man unterhält sich über die letzte Darmspiegelung, vielleicht handelt es sich aber auch um ein Fußballspiel ...)

09:25 Uhr   *Düdelüdüdelü*. «Ich schon wieder.»

«Sie haben Pech. Die Besprechung dauert an.» (Die Herren im Chefbüro sind jetzt beim Thema Vollkornbrot und Verdauung angelangt.)

10:45 Uhr   *Düdelüdüdelü*. Geldmacher ruft nur noch seinen Namen in den Hörer und wartet auf meine Antwort.

«Herr Chef telefoniert jetzt, soll er vielleicht doch zurückrufen?»

«Nein, nein, ich probiere es morgen wieder.» (Herr Geldmacher weiß ja, dass der Rückruf sowieso nie kommt ...)

11:20 Uhr   *Düdelüdüdelü*. Immer noch Montag. «Ist er jetzt frei?»

«Er telefoniert noch immer.» (Und zwar mit seinem Sohn aus erster Ehe, seit einer halben Stunde, sie reden über das Fußballspiel vom Samstag.)

11:47 Uhr   *Düdelüdüdelü*. «Und jetzt?»

«Nein, tut mir leid, schon wieder ein neues Telefonat.»
(Mit seiner Frau, seit zwanzig Minuten, wegen der Planung des kommenden Wochenendes.)

12:11 Uhr *Düdelüdüdelü.* «Jetzt ist er aber zu sprechen, oder?»

«Tut mir leid, es ist gerade stressig bei uns, Herr Chef telefoniert noch immer.» (Jetzt mit seiner Exfrau – sie streiten heftig.)

12:21 Uhr Mein Chef ruft mir schlechtgelaunt zu: «Wenn Geldmacher anruft: Er soll sich nächste Woche wieder melden. Ich hab heute keine Lust, mit ihm zu sprechen.»

12:23 Uhr *Düdelüdüdelü.* Herr Geldmacher: «Klappt es nun?»

«Herr Chef bittet Sie, nächste Woche wieder anzurufen, am besten nachmittags, da ist es etwas ruhiger.» (Außerdem habe ich da schon Feierabend ...)

12:27 Uhr *Düdelüdüdelü.* «Schon wieder ich.»

«Herr Chef hat doch gebeten, dass Sie nächste Woche wieder anrufen.»

«Ach ja, hab ich vergessen.»

13:07 Uhr *Düdelüdüdelü.* Die Geldmacher-Telefonnummer erscheint auf dem Display. Ich gehe nicht ran, mein Chef ist sowieso nicht an seinem Platz, er unterhält sich auf dem Gang mit einer Kollegin – vermutlich über die Darmspiegelung.

13:30 Uhr Endlich darf ich gehen, aber morgen ist erst Dienstag, oder Mittwoch, oder schon ... egal ...

Ich habe meinen Chef gefragt, ob ich Herrn Geldmacher (und den Herren Finanzgenie, Zasterwunder oder Mooshaber ... und wie sie alle heißen) mitteilen soll, dass wir kein

Interesse an ihren Dienstleistungen haben. Aber das darf ich nicht sagen. Vermutlich ist das höhere Politik. Das verstehen bestimmt nur Menschen mit einer amtlichen Ausbildung.

Der Tag danach:

09.03 Uhr *Düdelüdüdelüdelüdedüdüdüdüdülüdüdüdüdü.* Mein Chef ist unvorsichtig und hebt selbst den Hörer ab. «Guten Morgen, Herr Geldmacher, ich habe leider im Moment gar keine Zeit.» Es folgt eine dreißigminütige (30!) Ausführung, warum keine Zeit ist.

Die Herren verabreden sich für ein Telefonat «in den nächsten Tagen».

Die Finanzkrise

Wie Schuppen fiel es mir von den Augen. Als Frau Rose mein Büro betrat und ohne erkennbare Lippenbewegung «Moin» (oder so ähnlich) nuschelte, wusste ich plötzlich genau, wofür ihr Name stehen musste. Vor meinem geistigen Auge tanzten die Buchstaben durcheinander, bildeten wirre Muster, setzten sich neu zusammen, und heraus kam die Erkenntnis: Diese Kollegin war weder eine Rose noch eine Primel. Rose war ganz einfach die Kurzform für «R(egungsl)ose»!

An diesem Morgen also brachte die regungslose Rose die monatlichen «Liebesbriefchen» vorbei. Darüber vergaß ich zum ersten Mal in meinen amtlichen Wochen die Hoffnung, Frau Rose würde sich endlich die Maske vom Gesicht reißen und es käme doch noch Hape Kerkeling zum Vorschein. Ich erhielt meine erste Gehaltsabrechnung. Neugierig riss ich den Umschlag auf. Es dauerte keine Sekunde, bis alle menschlichen Züge aus meinem Gesicht gepurzelt waren und es sich in eine steinerne Maske verwandelt hatte. Vermutlich nahm ich blitzartig Frau Roses Gesichtsausdruck an.

Das Vorstellungsgespräch tauchte in meiner Erinnerung auf. Der Moment, als der Krawattenmann einen Betrag nannte. Mein Erstaunen über diesen spärlichen Betrag. Wie ich jeden Zweifel beiseiteschob mit dem Gedanken, dass es sich bei dieser mickrigen Summe nur um das Nettogehalt handeln könne. Wie ich mich damals mit der Zahl 17 beruhigte: Ich ging einfach davon aus, dass mir in einem Jahr mindestens siebzehn Gehälter gezahlt werden mussten. Fragen Sie mich nicht, wie ich ausgerechnet auf siebzehn kam; ich weiß ja auch nicht, wie man auf *dieses* Gehalt kommen konnte.

«Im öffentlichen Dienst gibt es doch sicher auch noch zusätzliche Jahresprämien», dachte ich mir in der Vorstellungsrunde selbst Mut zu. Und nun stand auf diesem Zettel die bereits bekannte magere Zahl – und zwar nicht unter Netto, sondern in der Spalte *Brrrrrrrrutto*.

Ein winziger, leiser Hoffnungsschimmer ließ mich Richtung Fenster blicken. Nochmals bemühte ich Herrn Kerkeling. Der musste doch jetzt endlich als Bergsteiger verkleidet mit seinem Steigeisen an mein Fensterlein klopfen und fröhlich winkend um Einlass bitten. Oder wenigstens als Fensterputzer im Korb vor meinem siebten Stock baumeln, im Schlepptau seinen hessischen Kollegen Heinz Schenk mit der Kamera (und mit einer Großpackung Gebissreiniger aus dem Film *Kein Pardon*). Ich riss mein Fenster auf. Nichts. Nur der Abgrund.

Die Frischluft pustete langsam den Gehaltsschreck aus meinem Kopf. Widerstrebend ging ich zurück zum *Liebesbrief* meines Arbeitgebers. Das musste ein Versehen sein.

Bestimmt. Sicher hatte ich nicht richtig geschaut. Aber nein, die Zahlen hatten sich auch nach der ungewohnten Frischluftzufuhr nicht verändert. Was tun? Den Personalbeauftragen aufsuchen? Die Gleichstellungsbeauftragte? Betriebsrat? Betriebsarzt? Gab es so etwas überhaupt im öffentlichen Dienst?

Mehr Fragen, immer mehr Fragen ... Wovon sollte ich leben? Wie sollte ich mein Kind ernähren? Mein Sohn machte den Kühlschrank schneller leer als Dieter Bohlen Konzertsäle. Wer war hier zuständig? Der Innenminister? Der Finanzminister? Die Bundeskanzlerin? Der Präsident? Da hatte ich wenigstens schon eine Adresse.

Ich stürzte mich aufs Intranet. Tarifverträge? Wo es Tarifverträge gab, gab es doch auch Gewerkschaften, oder? Gab es überhaupt eine Gewerkschaft für den öffentlichen Dienst? Offensichtlich nicht bei den Gehältern. Gott, war ich unwissend und ungebildet. Klar, dass die einer so blöden Tippse nicht mehr zahlen wollten. Aber bisher war ich daran gewöhnt, gut zu verdienen. Ich musste mir noch nie Gedanken über Gewerkschaften oder Betriebsräte machen. So was gab es in «meinen» früheren Unternehmen überhaupt nicht. Bis auf meine Ausbildungszeit war ich immer in kleinen Agenturen beschäftigt gewesen. Werbung, Marketing, Immobilien, Eventagentur. Meine bisherigen Arbeitgeber zahlten anständig und gerecht. Bislang musste ich nie nach Gehaltserhöhungen oder Bonuszahlungen fragen, die kamen von allein, weil man zufrieden war mit meiner Arbeit. Selbst mein letzter, fast insolventer Arbeitgeber bestand darauf, dass ich mir stets mein volles Gehalt auszahlte.

Aber da stand sie nun in aller Deutlichkeit: meine Tarifklasse. Und als mir diese bittere Wahrheit nun auch noch vom Bildschirm als Tariflohn frech entgegengrinste, da bekam ich erst richtig einen Schock. Einen echten Gehaltsschock.

In diesem Moment ließ ich auch meine allerletzte Hoffnung fahren, die ich während der ersten Wochen im Amt hegte und pflegte. Diese leise Hoffnung, dass ich der heimliche Proband einer Langzeitstudie war. Selbst wenn es eine vierwöchige Studie gewesen sein sollte – nachdem er sich bis jetzt nicht gezeigt hatte, konnte ich meine Erlösung auf diesem Weg sicher nicht mehr erwarten. Aus und vorbei. Herr Kerkeling hatte mich wohl schlicht und einfach vergessen.

Hoch auf dem gelben Wagen

Ich war *so* tief gesunken. Ins Amt abgerutscht, sozusagen. «Immer wenn du denkst, es geht nicht mehr, kommt von irgendwo ein Lichtlein her», versuchte ich meine Panik mit einer Prise Ironie zu überwinden – wozu hatte man hier im Amt denn Kalender mit all diesen infantilen Sinnsprüchen? Mir war klar: Auf Herrn Kerkeling, den Witzbold aus dem Fernsehen, konnte ich nicht mehr hoffen. Der hatte mich schmählich im Stich gelassen und sollte sich besser nicht mehr bei mir blicken lassen. Dafür zeigte sich ein anderer Lichthauch im amtlichen Dunkel.

Vielleicht könnte ich mich ja ganz schnell hocharbeiten? Die Voraussetzung dafür war schließlich schon geschaffen worden: Man hatte mich zur Postbeauftragten befördert. Nach angemessener Einarbeitungszeit traute man mir doch tatsächlich die Postverantwortung zu. Eine Auszeichnung – leider ohne Gehaltserhöhung. Feierlich bekam ich die Schlüssel für unser Postfach in der internen Poststelle überreicht. Dort durfte ich nun täglich unsere Abteilungspost abholen.

Klingt einfach? Ist es aber nicht. Gleich bei meinem ersten Postgang traten unvorhersehbare Komplikationen auf.

In der Poststelle, die ich seit diesem Besuch morgens um kurz nach sieben nur noch die «Postkutsche» nenne, dudelte es laut aus dem Radio: «Hoch auf dem gelben Wahagen ...» Das «Vierergespann» bestand aus zwei mitbrummenden Kollegen und einer Kollegin, die leidlich melodiesicher mit-*summte*, während die Vierte im Gespann laut mit*sang*. Ich muss sagen, die singende Kollegin verfügte über eine richtig gute Stimme, wirklich. Und hier drin war es wunderbar lebendig. Endlich mal Leben und gute Laune. Ich bekam beinahe Lust mitzusingen und stürmte mit einem fröhlichen «Guhuten Mooorgen» in den Raum. «Ich möchte die Post holen!»

Alle verstummten, nur das Radio dudelte unerbittlich laut weiter. Die Kollegen beugten sich mit versteinerten Mienen über ihre unsortierten Briefhaufen und wühlten geschäftig darin herum, während sie unfreundlich so etwas wie «Morsche» oder «Moin», vielleicht auch «Menno» grummelten. Ich konnte es nicht direkt *verstehen*, ich sah nur, wie sich ihre Münder bewegten. Der Poststellenchef stellte verschämt das Radio leise. Das tat mir leid. Ich wollte doch die fröhliche Atmosphäre nicht verderben. So rief ich freundlich: «Hier ist ja eine tolle Stimmung. Tut richtig gut am Morgen.» Keine Reaktion.

Verunsichert stellte ich mich als die neue Sekretärin meines Chefs vor und reckte dem Vierergespann meine Hand entgegen. Doch auch die Begrüßung verlief eher verhalten, begleitet von Heintje, der leise seine Mutter anflehte: «Mama, du musst doch nicht um deinen Jungen weinen ...» Mir allerdings war ein wenig nach Weinen zumute. Offenbar war ich aus mir unerklärbaren Gründen nicht nur zum Stimmungs-, sondern sogar zum Stimmenverderber geworden. Was hatte ich bloß verbrochen? Das Vierergespann wollte keine weiteren Mitfahrer auf der Postkutsche, das zeigte es deutlich. Ich schnappte nach unserer Post, denn ich wollte nicht weiter stören. Mehr noch, ich wollte mich nur noch fluchtartig verdrücken, bevor die plötzliche miese Laune dieser Leute auch auf mich übergriff.

Aber so leicht kam ich nicht davon. «Jetzt, wo Sie schon mal da sind», wurde ich unfreundlich angeranzt, «hier ist ein Brief für Sie. Für Ihre Abteilung. Und er ist nicht ausreichend frankiert!»

Ich fühlte mich augenblicklich *noch* schuldiger und bekam es mit der Angst, so bedrohlich schaute mich der hausinterne Postmann an. Hatte ich etwa zu wenig frankiert? Bitte nicht ausgerechnet den Brief an den Bundespräsidenten! War das dringliche, vor Wochen von mir persönlich versandte Schreiben zurückgeschickt worden? Schweißausbrüche am Morgen vertreiben weder Kummer noch Sorgen …

Erleichtert nahm ich den Briefumschlag entgegen, als ich sah, wer der Übeltäter war. Der Brief kam von einer Privatperson. Bestimmt ein unwissender Bürger, vermutlich ohne eigene Haushaltswaage. Der Postmann schnauzte weiter: «Wer hat Ihnen denn da geschrieben? Wir mussten Nachporto zahlen. Was ist das für ein Absender in der Krakelschrift? Da wollte wohl einer Steuergelder verprassen (gesprochen: *värbraßßn*).» Damit war die Sache natürlich nicht aus der Welt. «Mit den 15 Cent müssen wir Ihre Abteilung belasten. Sie müssen das mit der Buchhaltung klären und die Formulare da hinten ausfüllen.» Ich griff in meine «Hoßntasch» und suchte nach Kleingeld, fand aber auf die

Schnelle keins. Aber unbürokratische Soforthilfe war hier drin sowieso nicht erlaubt. Lieber füllte man Formulare aus. Ich war schon froh, dass man mich *darüber* nicht ausführlich belehrte ... Ehrlich, lieber höre ich in voller Lautstärke mit überforderten Radioboxen das «gelbe Lied». Aber der Musikapparat war inzwischen verstummt und spurlos vom Schreibtisch verschwunden. Dafür trudelten allmählich neue Postbeauftragte ein, die zusätzlich Probleme machten. Einer suchte ein Päckchen so lange, bis *alle* genervt sein Päckchen suchten. Ein anderer wollte privat Briefmarken kaufen und wurde abgewiesen: «Um diese Uhrzeit? Spinnst du? Schorsch, komm *späda nochema*.»

Die Postbeauftragte aus Dezernat V, die kurz darauf unfreudig das Postreich betrat und ebenso unfreudig nicht begrüßt wurde, suchte nach Formularen für ein Einschreiben, das sie in ihren verkrampften Fingern hielt. Es stellte sich allerdings nach längerer Diskussion heraus, dass die Formulare schon vor ungefähr zehn Jahren abgeschafft worden waren. Nur unwillig und nach ausgiebiger Bedenkzeit überließ die Verkrampfte aus Dezernat V das Schreiben mit skeptischem Blick dem Postmann. Während dieser Szene huschten immer wieder neue Postbeauftragte hinein, schnappten sich Zeitungen, ließen die restliche Post in ihren Postfächern liegen und verschwanden grußlos.

Während ich mich noch mit den Formularen abmühte, wurde die Stimmung allmählich besser. Es war ein Mysterium: Die postbeauftragten Kollegen, die nun hereinkamen, wurden allesamt freundlicher begrüßt. Es wurden Befindlichkeiten ausgetauscht, Urlaubsgeschichten erzählt, und natürlich wurde auch der aktuelle Menüplan ausgiebig besprochen. Niemand achtete mehr auf mich. Ich nutzte die

Gunst der Stunde, raffte meine Post, die Zeitungen und die merkwürdigen Nachportoformulare zusammen und schlich hinaus.

Mit schlechtem Gewissen wegen meiner langen Abwesenheit eilte ich durch die Gänge. So schnell, dass sogar Herr Bremerkamp, der gerade den Kopf aus seinem Büro streckte, keinen Witz anbringen konnte. Während ich vorbeilief und ihm zuwinkte, drehte er sprachlos seinen Kopf mit, als würde er einem Tennismatch folgen. (Wenn Herr Bremerkamp eine Fensterbank an seiner Bürotür hätte, dann läge da bestimmt ein Kissen, damit er die Unterarme gemütlich darauf ablegen könnte.)

Atemlos kam ich in meinem Büroreich an. Mein Chef schaute auf, als ich an seiner Zimmertür vorbeischnaufte: «Tut mir leid, dass es so lange gedauert hat auf der Poststelle.»

«Aber Frau Kollegin, ich wundere mich, dass Sie schon wieder zurück sind. Wann sind Sie denn dort gewesen?»

«Kurz nach sieben. Ich dachte, Sie möchten den Posteingang gleich sehen, wenn Sie kommen.» – «O Frau Kollegin, da haben Sie sich aber unbeliebt gemacht im Postzimmer.»

«Ja, Herr Chef, das Gefühl hatte ich auch, aber ich weiß nicht, warum. Was habe ich angestellt?»

Endlich erhielt ich eine anständige (man könnte auch sagen: amtständige) Einweisung in meinen neuen Job als Postbeauftragte. Und da verstand ich: Zwischen sechs und neun ist in der Postabteilung niemand ansprechbar. Störungen sind absolut verpönt. Vor neun Uhr nach dem Posteingang zu fragen ist ein böser Fauxpas und wird mit schwerster Unfreundlichkeit bestraft. In den frühen Morgenstunden darf man auf die Postkutsche nur aufspringen, um die Zeitung zu schnappen.

Meditationen

Es gibt Momente im Amt, da muss ich es mir laut vorsagen: Ich! Habe! Spaß! Trotz allem. Ich habe ja auch wirklich einen sehr netten Chef. Er erzählt oft amüsante Geschichten, er ist durchaus unterhaltsam, und wir lachen viel miteinander. Was soll ich auch machen? Trübsal blasen hilft mir schließlich auch nicht weiter. Ich bin wild entschlossen, nach dem Sinn meiner amtlichen Existenz zu suchen, und kratze all meinen Humor zusammen. Der muss sich gegen einige Widerstände an meinem Arbeitsplatz zur Wehr setzen. Das fängt schon mit dem Bodenbelag an. Es handelt sich um diesen khakibraunen Teppich, mit dem das gesamte Amt ausgelegt ist. In diesem Teppich existiert garantiert mehr Leben als im Rest des Hauses (mal abgesehen von der Poststelle und unseren fröhlichen Chefgesprächen). Dieser Teppich *atmet*. Er bewegt sich und wirft an vielen Stellen Blasen. Sicher würde er weglaufen, wenn er nicht durch Cola und sonstige Schmierstoffe am Betonboden festpappen würde.

In den letzten Tagen hat es viel geregnet – der Bodenbelag bekommt in dieser feuchten Luft einen neuen, modrigen Geruch, der sich mit dem unappetitlich süßlichen aus den Lüftungsschächten vermischt. Nein. Ich will mir nicht mehr überlegen, wer oder was in den abgehängten Decken (oder vielleicht auch in den Büros) verwest. Da lausche ich doch lieber den Erzählungen meines Chefs. Das lenkt ab.

Mein lieber Chef benutzt jede Menge Ausdrücke, die ich lustig finde. Es macht mir zuweilen *wirklich* Spaß, ihm zuzuhören. Unsere Rollen sind klar verteilt: Redner und Zuhörerin. Wie schon erwähnt, erzählt mein Chef stets sehr, sehr ausführlich. Auf dem Amt wird *alles* ausführlich getan. Mein Chef verliert sich leicht in Einzelheiten und Nebensächlichkeiten, die ihn zur nächsten, zur übernächsten, zur überübernächsten Abzweigung führen. Das sind die Momente, die nicht immer lustig sind. Sein ursprüngliches Thema bleibt dann schon mal auf der Strecke, sodass wir plötzlich beide nicht mehr so genau wissen, worüber wir eigentlich reden wollten. Aber das ist meistens sowieso nicht so wichtig.

Inzwischen glaube ich, mein eigentlicher Job besteht darin, ihm zuzuhören. Es gibt keinen einzigen kurzen Wortwechsel zwischen uns, alles wird zur langen, langen, seeehr langen Geschichte. Selbst ein unvorsichtig etwas zu freundlich dahingesagtes «Guten Morgen» kann ausreichen, um vormittagfüllende Erzählungen in Gang zu setzen. Der Gerechtigkeit halber muss ich zugeben: Nicht immer ist mein Chef dafür verantwortlich. Die Gespräche ziehen sich manchmal auch nur deshalb in die Länge, weil wir immer wieder unterbrochen werden. Herr Geldwäscher – Verzeihung –, -*macher* ruft mal wieder an, oder – Sie wissen es schon – Kollegen kommen vorbei, die ein Fußball-Schwätz-chen halten wollen, eine Unterschrift brauchen oder eine bestimmte Akte suchen (die mit dem grünlichen Fettfleck rechts unten ...).

In der Regel aber ist es doch mein Chef selbst, der ein The-ma aufgreift und es dann so lange zerfasert, bis nichts mehr von seiner ursprünglichen Substanz zu erkennen ist. Frage ich zum Beispiel meinen Chef nach einer Akte, antwortet er zunächst automatisch: «Ist die nicht bei Ihnen, Frau Kol-legin? Die habe ich Ihnen doch schon gegeben!» Dann be-ginnt er mit der Suche – und findet sie (meistens), nachdem er das Chaos in seinem Büro einmal von rechts nach links umgewälzt hat. Er ist ein lieber Chef und entschuldigt sich. So kommt er von seiner eigenen Unordnung auf seine Frau zu sprechen, die auch darüber schimpfen würde, und schon fällt ihm im Zusammenhang mit seiner Frau das Frühstück vom Morgen ein: «Heute gab es Vollkornaufbackbrötchen, die liegen mir schwer im Magen, kennen Sie das Gefühl? Vielleicht war es auch eins zu viel, der Schinken war so le-cker, und ich musste immer weiteressen, bis kein Schinken mehr da war, obwohl ich schon satt war. Aber das habe ich erst nach dem dritten Brötchen gemerkt.»

Oder sind es vielleicht die Konservierungsstoffe, die den Magen belasten? Die Kerne? Der Teig oder gar der Bäcker, den er noch aus der Schulzeit kennt? Nun werden alte Schul-geschichten ausgekramt und ausführlich erzählt. Von dort geht es ohne Unterbrechung weiter zur Tochter, die auch kein volles Korn verträgt, zur Mutter, zum Sohn, zur «Omma» und zu der Schwester der Großmutter, deren Onkel schon bei der Einschulung ... und endlos so weiter. Unterschiedlichste Themen wie Darmspiegelungen und Diademe passen in

der Welt meines Chefs spielend in einen Satz. Die Übergänge sind so fließend, dass es keine Möglichkeit gibt, ihn zu unterbrechen. Aber immerhin sehe ich es positiv: Wenigstens meinem Chef geht's anschließend wieder gut. Die Vollkornbrötchen sind vergessen.

Mein Chef ist ein superlieber Mensch, nur ein wenig grenzenlos. Er benötigt gaaaanz viel Aufmerksamkeit. Ich vermute krasse Defizite in der Kindheit. Bestimmt mag er deswegen keine geschlossenen Türen. Ich soll immer für ihn da sein, und so vergeht kaum eine Minute, in der ich nicht angesprochen werde.

Ich habe begonnen, regelmäßig zu meditieren, wenn er Monologe hält. Klappt immer besser. Ich kann ihn anschauen, interessiert aussehen und gleichzeitig meditieren. Auf diese Weise kann ich mir seine Geschichten, die sich inzwischen schon mal wiederholen, notfalls auch öfters anhören. Manchmal bin ich aber auch aufmüpfig und werfe ein: «Das haben Sie mir bereits erzählt» oder «Diese Geschichte kenne ich schon». Hilft leider nicht. Nicht mal: «Lieber Chef, das haben Sie mir schon dreimal erzählt.» Er lässt sich nicht beirren und erzählt einfach weiter. Meistens noch ausführlicher als beim letzten Mal.

Neulich lästerte er über seinen Schwager. «Mein Schwager aus erster Ehe ... oder war es der ältere Bruder meiner zweiten Frau? Ich muss mal überlegen – wann habe ich denn das zweite Mal geheiratet? Das war neunzehnhundertsiebenund... am dritten Oktober. Da hatten wir Glück mit dem Wetter, die Sonne ... Grad Celsius ... und wo habe ich mit diesem Bruder an der Hochzeit meines Onkels ... oder war es die Taufe meiner ... Ach, die Taufe, da gab es leckeren ...»

Mein lieber Chef beschrieb diesen ersten, zweiten oder dritten Bruder der ersten oder zweiten Frau und beschwerte sich über diesen Mann (ich weiß auch nicht mehr, welcher es war, es sind einfach zu viele). Den Mann eben, der immer endlos erzählen würde, weit ausholend mit einer enervierenden Ausführlichkeit, egal, ob man zuhören wolle oder nicht.

«Wissen Sie, Frau … äh …» Er steckte gerade so in der Vergangenheit, dass ihm wieder mal mein Name nicht einfiel. «Frau – Kollegin, also meinem Schwager war es doch tatsächlich vollkommen egal, ob seine Erzählungen interessierten. Der wollte immer nur reden. Dieser unmögliche, anstrengende Mensch verlangte unaufhörlich ungeteilte Aufmerksamkeit.» Mein Chef und ich, wir kamen dann gemeinsam zu dem Schluss: Reden ist Silber – Zuhören Pech.

So sind diese Erzählungen doch ziemlich lehrreich für mich. Ich könnte den Gedanken auch nicht dauerhaft ertragen, dass meine Zeit hier *völlig* sinnlos ist. Also lerne ich.

In diesem Fall lerne ich: Das, was uns an anderen stört, hat wohl mit großer Wahrscheinlichkeit auch etwas mit uns selbst zu tun. Ich bin jetzt wachsamer. Wenn mir bei anderen etwas auffällt, das mich stört, dann schaue ich erst einmal genauer auf mich selbst: Bin ich möglicherweise selbst so? Da kann man/frau hin und wieder ganz schön erschrecken. Sehr sogar … Deswegen schreibe ich meinen Kram auch lieber auf. Dann kann jeder selbst entscheiden, ob es ihn interessiert, und niemand muss mir unfreiwillig zuhören.

Fachgespräche

Mein erstes Fachgespräch! Ich habe mit meinem Chef ein amtliches Fachgespräch geführt. Es ging um Fußball. Ja genau, wir sprachen über Fußball. Ich habe kein schlechtes Gewissen mehr bei solchen Unterhaltungen, nicht bei diesem Gehalt – ich rede von meinem. Und für meinen Chef kann ich nicht auch noch die Verantwortung übernehmen. Ich jedenfalls verschleudere keine Steuergelder mit meinem Gehalt. Zumindest nur sehr begrenzt.

Es ist wohl gerade Saison: Bundesliga, Kreisliga, Weltliga, was weiß ich. Mein Fachwissen ist auf dem Stand: Sepp Maier steht im Tor und ich dahinter (da gab es doch mal ein Lied von Wencke Myhre?). So hörte ich mir also seine Fußballneuigkeiten an. Mein Chef nimmt ja nun alles sehr genau, Details sind ihm wichtig – ich nehme an, das erwähnte ich bereits ... Bei so einer Fußballspielnachbesprechung können neunzig Minuten *sehr* dehnbar sein. Ich musste mich natürlich an dem Gespräch beteiligen, ich als höflicher Profi sozusagen. Um aber auch ein bisschen frech zu sein, warf ich immer mal wieder ein: «Unser Landestrainer (oder wie auch immer seine richtige Berufsbezeichnung lautet) sieht recht gut aus» oder, um Abwechslung ins Gespräch zu bringen, «Der Trainer ist ein attraktiver Mann». Ich wiederholte das mindestens dreimal, eher fünf- bis achtmal, aber ohne spürbaren Effekt. Mein lieber Chef ließ sich nicht irritieren, er redete unbeirrt weiter, vermutlich nahm er meine Gesprächsbeiträge überhaupt nicht wahr (wie meistens). Egal, ich wusste ja auch nicht, um welches Spiel es überhaupt ging. Auf jeden Fall war es ein nettes langes Gespräch, das meinen Chef offenbar sehr glücklich machte. Zufrieden seufzend begab er sich zurück an seinen Schreibtisch, klatschte in die Hände und gönnte mir eine kleine Verschnaufpause.

Viel Zeit blieb mir nicht, das wusste ich schon. Er brütete bestimmt schon ein neues Thema aus, mit dem er uns beide wieder beschäftigen könnte. Mein Problem dabei war: Dieser morgendliche Gedankenaustausch über Fußball fand statt, bevor ich den ersten Kaffee des Tages kochen konnte. So wollte ich die kurze Pause nutzen und versuchte, mich mit Wasserkocher und Kaffeekannen an seiner Tür vorbei zum Wasserloch (Etagenküche) zu schleichen. Wurde aber nichts draus, er erwischte mich in flagranti – schon war die nächste Geschichte fällig. Und das immer noch ohne Heißgetränk. Wenigstens waren die Kannen leer,

sonst wäre es wieder mal zur Qual geworden. Es ist anstrengend, einen ganzen Monolog lang mit zwei *gefüllten* Kannen im Türrahmen zu überstehen und dabei noch einen interessierten Eindruck zu machen. In solchen Fällen hilft nur noch meditieren: Ich zentriere mich und nehme das «Türstehen» als Meditationsübung. Wenn es sehr lange dauert, meditiere ich richtig tief. Meine Armmuskulatur wird gestärkt und hält sich dadurch ganz gut.

Glücklicherweise klingelte irgendwann das Telefon und befreite mich. So kam ich an diesem Vormittag doch noch zu meinem Morgenkaffee, so gegen elf Uhr fünfundvierzig (ich war bereits ab sieben im Büro). Wenn ich gut drauf bin, versuche ich inzwischen, mich mental weiterzuentwickeln. Das sind die Momente, in denen ich mich darauf konzentriere, das Telefon telekinetisch zu beeinflussen: Bitte klingle. JETZT. Selbst wenn es Herr Geldmacher ist, der seine Dienste schon ungezählte Male vergeblich angeboten hat und nur wieder abgewimmelt werden muss.

Mein Chef meint es nicht böse. Er kann nicht anders. Es ist nicht möglich, mal eben schnell etwas mit meinem Chef zu erledigen. Ich habe mich inzwischen einigermaßen damit abgefunden, es bleibt mir ja auch gar nichts anderes übrig. Aber es gibt immer wieder Situationen, die mich zur Weißglut treiben. Zum Beispiel ist es mir peinlich, seine Besucher so lange warten zu lassen, bis der Chef seine wichtigen Telefonate beendet hat. Manchmal sind diese Telefonate tatsächlich geschäftlich, oft aber redet er über das Wetter, über Skandale, Essen, Krankheiten oder Todesfälle. Und über Fußball selbstverständlich. Ich warte darauf, dass er einmal sagt: «Der Bundestrainer ist ein attraktiver Mann.» Das würde immerhin bedeuten, dass meine fachkundigen Bemerkungen nicht gänzlich unbeachtet verhallen. Die Kollegen, die derweil vor meinem Schreibtisch darauf warten, ins heilige Büro vorgelassen zu werden, hören das alles mit an – und werden *dafür* bezahlt.

Mir ist das schrecklich peinlich, meinen Chef aber stört das kein Stück. Schließlich hat er keine Geheimnisse, die ganze Welt darf mit anhören, was er über das Wetter zu sagen hat. Merkwürdigerweise scheint es aber auch seine Gäste nicht sonderlich zu verärgern, dass er sie so lange ignoriert. Im Gegenteil. Sie stehen da schon mal eine ganze Weile, ohne zu knurren (ich möchte das nicht hochrechnen auf die letzten dreißig Jahre). Wenn ich diese Leute nicht mit dem Vorschlag vertreiben würde, ihnen sofort Bescheid zu geben, sobald mein Chef frei ist, stünden sie vermutlich ganze Arbeitstage in meinem Büro herum. Vielleicht meditieren die ja auch alle?

Es gibt so viele wichtige Dinge, die erzählt werden müssen, der Tochter, dem Sohn, dem Chefkollegen, wem auch immer. Zum Beispiel, in welchem Restaurant er gestern Abend getafelt hat. Eine Sensation. Mir wurde von diesem Essen schon vor dem ersten Morgenkaffee berichtet, dann habe ich es nochmals gehört, als er mit einem Kollegen in meinem Büro stand. Zum dritten Mal hörte ich die Geschichte heute, als er mit seiner Tochter telefonierte, und jetzt zum vierten Mal, als der Besucher, Kollege Drögelmann – der lange wortlos in meinem Büro wartete –, endlich ins Chefbüro eintreten durfte. Den Moment musste ich nutzen: Sobald die beiden durch die Tür waren, stürzte ich unauffällig hinterher und gab ihr einen festen Schubs. Sie

schloss sich laut und deutlich. So richtig mit Nachdruck. Erschöpft ließ ich mich auf meinen Stuhl fallen. Ich war stolz auf mich, denn ich hatte es geschafft, mich endlich einmal ordentlich abzugrenzen, und ich nahm mir vor, in Zukunft häufiger das «TÜR-ZU» zu üben.

Leider währte die Ruhe nicht lange. Die Tür ging viel zu schnell wieder auf. Ich genieße die Ruhe sehr, wenn mein Chef ausnahmsweise mal nicht mit mir beschäftigt ist, dann kann ich nämlich ungestört arbeiten. Erholung pur. Aber mit Drögelmann kann sogar mein Chef nicht plaudern. Dieser Mann ist so staubtrocken wie die Aktenstapel in unseren Büros. Selbst Frau Rose wirkt gegen ihn wie eine jugendliche Maid.

Der dröge Mann war kaum verschwunden, da eilte mein Chef herbei und baute sich vor meinem Schreibtisch auf. Er musste natürlich sofort von der Unterredung berichten: «Liebe Frau Kollegin, da hat dieser Drögelmann einfach die Tür hinter sich zugeschlagen. Sie müssen doch erfahren, was der wollte. Stellen Sie sich vor, der beantragte ...» Hoffentlich werde ich nie erfahren, was der dröge Kollege wollte. In diesem Moment nämlich kam die Ablösung. Ein weiterer amtlicher Mitarbeiter stürmte unser Büro. Ich hatte ihn bisher noch nie getroffen, aber ich war sicher, dass es sich um einen Kollegen handeln musste. Inzwischen habe ich einen Blick dafür, wer hier wohnt und wer von außerhalb kommt. Sie sind unschwer auseinanderzuhalten, unsere Amtlichen und die Weltlichen. Schon allein das gesamte Erscheinungsbild. Und auch die Umgangsformen sind etwas ... nun ... unterschiedlich?

Der unbekannte Kollege, der mich komplett übersah und dem ich auch nicht vorgestellt wurde, begrüßte meinen Chef mit dröhnender Stimme: «Ei, hasde des Tor gesehen?» – «Ein Hammer ...» Und so weiter und so fort ... Direkt neben meinem Schreibtisch, direkt neben meinem Ohr. Immerhin erfuhr ich, während ich versuchte, ein Protokoll zu verfassen, dass es sich bei dem Unbekannten um einen Referatsleiter handelte, verantwortlich für *Sportbereiche innen und außen.* Also war das hier tatsächlich ein Fachgespräch.

Mitten in das Geplänkel der beiden Hochbezahlten platzte ein aufgebrachter beamteter Mitarbeiter aus der Rechnungsabteilung. Er war klein und rundlich – und sehr aufgeregt. Das konnte man auch daran erkennen, dass er nicht wie üblich in das laufende Fußballfachgesimpel einstieg, sondern das Gespräch der beiden brüsk unterbrach. Mit zitterndem Stimmchen legte der bebrillte Buchhalterzwerg sofort los mit seinem Problem. Es muss schon sehr ernst sein, wenn ein Amtsgespräch anderen wichtigen Fachgesprächen vorgezogen wird. Worum es eigentlich ging, blieb mir verborgen – ich versuchte ja zunächst noch, meine Arbeit zu erledigen, außerdem wusste ich bereits, dass dieser kleine Mann sich so ziemlich über jede Nichtigkeit aufregte, und war nicht interessiert am Grund seiner Entrüstung. Irgendwann konnte ich das Gequatsche aber nicht mehr wegdrücken, im Prinzip wiederholten alle ihren jeweiligen Standpunkt immer wieder von vorn. Einmal, zweimal, dreimal. Da war ja sogar das Fußballgerede noch besser zu ertragen. Ich gab meine Arbeitsbemühungen seufzend auf und hörte resigniert zu.

Jetzt arbeiteten also drei bestens bezahlte Beamte und eine miserabel entlohnte Hilfskraft eine ganze Weile *nicht.*

Aber das kümmerte niemanden, vermutlich war das ohnehin nur meine Sichtweise. Die Herren waren garantiert der Meinung, dass sie gerade sehr effektiv arbeiteten. Es ging noch eine geraume Weile zwischen den dreien hin und her. Mal aufgeregt (der Buchhalter), mal um Ruhe bemüht (mein Chef), mal laut und derb (der Unvorstellbare, der sich mir nie vorstellte und mich weiterhin missachtete, indem er ständig in mein Ohr brüllte, ohne mich überhaupt zu bemerken).

Die brisante Angelegenheit wurde von allen möglichen und unmöglichen Seiten ausgiebig beleuchtet. Nach eingehender und ausführlicher Begutachtung der Sachlage stellte mein Chef schließlich die wirklich kluge und alles entscheidende Frage: «Und was hat DAS denn nun überhaupt für Auswirkungen?» Die prompte Antwort des aufgeregten Buchhalterkollegen fiel für hiesige Verhältnisse unglaublich kurz und bündig aus; mit zitterndem Stimmchen hauchte er: «Keine.»

An apple a day
keeps the Chef away

Inzwischen dürften alle schon mal davon gehört haben: AD(H)S ist die Abkürzung für eine psychische Störung, die als «Aufmerksamkeitsdefizitsyndrom» in den letzten Jahren populär geworden ist, wobei das H für Hyperaktivität steht, die häufig zum Krankheitsbild dazugehört – allerdings nicht hier im Amt. Menschen mit AD(H)S haben gewisse Probleme, sie können sich nur schwer konzentrieren. Aus amtlicher Sicht erhält diese Bezeichnung allerdings eine völlig andere Bedeutung. Mein Chef leidet garantiert unter einem Aufmerksamkeitsdefizit der anderen Art. Nicht dass er sich nicht konzentrieren könnte, nein, sein Defizit besteht darin, dass er nie genug Aufmerksamkeit *bekommt*. Er ist schier unersättlich. Vielleicht hat der Erfinder dieses Begriffs auch beides gemeint? Vielleicht gehören diese beiden Störungen zusammen? Aus Erfahrung kann ich jedenfalls sagen: Egal, welches Defizit im Vordergrund steht, es leiden darunter auch, oder vor allem, die Mitmenschen.

Mein Chef hat eine neue Strategie entwickelt, um sich

meiner Aufmerksamkeit zu versichern. Seit ich nun immer mal wieder die Tür zwischen seinem und meinem Reich schließe, während er monotone Monologe am Telefon hält, fühlt er sich vermutlich sehr ausgeschlossen. Wenn es auf meinen Feierabend zugeht, spitzt er seine Ohren wie ein Luchs. Es kann gar nicht anders sein, denn sobald ich meinen Mantel aus dem Schrank hole (und ich kann das inzwischen sehr leise), kommt er flink wie ein Wiesel aus seinem Büro, um mir einen schönen Resttag zu wünschen. Diese Wünsche verbindet er natürlich mit einem Schwätzchen, um sein erlittenes Aufmerksamkeitsdefizit auszugleichen. Schließlich habe ich wegen der geschlossenen Tür eines seiner wichtigen Telefonate nicht mit anhören können. «Frau Kollegin, stellen Sie sich vor, Röschens Mann (der Gatte von Frau Rose, unser Hausmeister aus Trakt 4) hat doch tatsächlich mit der Sekretärin vom Dezernat V was angefangen.»

Der Rosemann also mit der Verkrampften. Kaum zu glauben, aber ich möchte mir das lieber nicht vorstellen, ich will nur heim.

«Jetzt ist es rausgekommen. Dieser Schwerenöter, das hätte ich ihm gar nicht zugetraut. Hätten Sie das gedacht? Es läuft schon seit ...» Ich bin inzwischen knallhart und unterbreche ihn notfalls auch mitten im Satz: »Tut mir leid, ich muss ganz schnell los, mein Kind kommt hungrig aus der Schule, ich muss noch einkaufen und kochen.» Bevor er noch Luft holen kann, drehe ich mich blitzartig um und verschwinde eilig durch die Tür.

Er ist ein lieber Chef, er zeigt dafür vollstes Verständnis und lässt mich ziehen. Er ist kein bisschen beleidigt. Nein, er probiert es am nächsten Tag einfach wieder. Neuerdings platziert er sich vor der Tür und blockiert meinen Fluchtweg.

Gestern Abend war mein Chef zu einem Vortrag mit hochkarätigen Experten geladen. Ich wäre gern mitgegangen, das Thema interessierte mich, und außerdem kenne ich aus früheren Jobs den einen oder anderen Referenten. Leider kamen andere Termine dazwischen, sodass ich meinen lieben Chef nicht begleiten konnte. Unvorsichtigerweise fragte ich am folgenden Tag arglos nach: «Wie war's gestern, Herr Chef, waren die Vorträge interessant?» Ich hätte es wissen müssen. Hier ist sein Bericht:

«Es waren über 200 Leute da, und es gab sehr leckere Häppchen, kleine Brötchen, belegt mit Lachs, Forelle, Salami, Schinken, Käse ...» Einzelne Käsesorten wurden aufgezählt und die kleinen Dekorationen darauf ausführlich beschrieben. «Cocktailkirschen, aufgefächerte Gürkchen, Petersilienblättchen, Dillzweiglein, Apfelspalten ... Schinkencreme, Pastete, kleine Brezeln, zur Hälfte mit einer vorzüglichen Kräuterbutter bestrichen, die andere Hälfte mit Frischkäse. Außerdem gab es herrliche kleine Törtchen, mit einem Happs verspeist, und Pralinen, Vollmilch, Zartbitter, Trüffel, mit Füllung, ohne Füllung ... Es war eine sehr gelungene Veranstaltung. Und der Kollege, der dabei war, bekam rote Ohren, weil eine Referentin ein ziemlich scharfer Feger war ...»

Bis zu den Inhalten des Vortrags sind wir dann gar nicht mehr vorgedrungen, denn das Telefon klingelte.

Die Veranstalter der Vortragsreihe riefen an und baten um ein kurzes Feedback. Ein kurzes Feedback? Mein Chef gab sich den üblichen Erzählungen hin, in aller Ausführlichkeit. Er unterrichtete seinen Gesprächspartner über die Details seiner Heimfahrt, dass er sich fast verfahren hätte, und dann folgte eine lange Ausführung über die Vor- und Nachteile seines Navigationssystems, das ihn immer wieder falsch lotsen würde. Überhaupt dieses Navigationssystem, eine Quelle zahlreicher Anekdoten. Wo sich mein Chef schon überall verfahren hat in den letzten dreißig bis fünfzig Jahren. Auf welchen Feldwegen er landete und in welchen Gemüseackern oder Einbahnstraßen in der falschen Richtung ... Ich hatte viel zu tun und konnte deshalb nicht flüchten aus der «ungewollten Zuhörzone». Während meiner Brieftipperei musste ich also das *gesamte* Telefonat mithören.

An diesem Punkt entschloss ich mich, nicht weiter nach den Inhalten des Vortrags zu fragen. Am Ende hätte ich mir schon wieder diese Geschichte anhören müssen, wie sich seine Oma vor sechsundsechzig Jahren mal im Wald verlaufen hat. Oder war es die Schwester der Oma, die Tante der Schwester der Oma oder gar der beste Freund des Bruders des Urgroßvaters? Ich weiß es nicht mehr. Ich fürchte, jeder aus der Familie und dem Freundeskreis meines Chefs hat sich schon einmal verlaufen, in Deutschland, in der Heide, im Gebirge, am Strand, im Stadtwald und in der Fußgängerzone. Nein, ich werde nicht fragen, weil ich seine Antwort(en) einfach nicht hören möchte, lieber schreibe ich Verzweiflungsmails an meine Freundinnen: «Hilfe, ich bin im Amt. Holt mich hier raus!»

Vollmond

Im Büro meines Chefs findet mal wieder eine Besprechung statt. Der Leiter der Rechtsabteilung ist zu Besuch. Die Tür zwischen uns steht dabei leider offen – wie meistens. Ich konnte mich mit meinem Wunsch nach geschlossenen Türen nicht durchsetzen – mein Chef will sich einfach nicht dauerhaft «einsperren» lassen.

Der Herr von der Rechtsabteilung ist ein vorsichtiger Amtsmann. In Anbetracht der offenen Tür flüstert er immer mit meinem Chef. Ich vermute, damit ihn niemand verklagen kann. Sicher hat der Amtsflüsterer schon viel erlebt in seinem amtsrechtlichen Berufsleben. Es leuchtet mir einfach nicht ein: Warum nur, *warum* schließen die Herren nicht einfach die Tür und reden in normaler Lautstärke miteinander? Flüsterern beisitzen zu müssen ist unerträglich. Ich will nichts hören, ich will nicht stören, und ich will auch nicht gestört werden!

Es bleibt mir keine Wahl. In meiner Verzweiflung flüchte ich auf den Gang und laufe zwei Runden durchs Haus – mit meiner nagelneuen roten Unterschriftenmappe. Ja, ich habe Steuergelder verschwendet, ich gebe es zu, aber es ist eine wunderschöne Rote, an der ich mich da festhalte. Im Gegensatz zu ihrer zerfledderten Vorgängerin kann ich mich damit auf jedem Amtsgang sehen lassen. Ich trage meine Mappe lässig unter dem Arm und strahle Kompetenz aus, Zielstrebigkeit und eisernen Willen. Niemand merkt mir an, dass ich auf der Flucht bin.

Unterwegs treffe ich den Kollegen Bremerkamp, nun schon zum dritten Mal an diesem Vormittag. Na gut, erzählen Sie mir halt den Witz von heute Morgen noch mal, ich habe ihn sowieso schon wieder vergessen, denke ich ergeben. Aber Herr Bremerkamp ist anscheinend nicht nach Witzen, er spricht mich in seinem urigsten Dialekt an: «Ei, Sie sinn ja viel unnerwegs heud. Könnesse auch ned schlafe?»

Ich antworte, weil ich so schlecht lügen kann: «Nein, *ich* bin auf der Flucht.» Das scheint den Kollegen Bremerkamp aber nicht zu verwundern, denn er *sacht* nur: «Ach so», und trottet weiter seiner Wege. Auch ich setze meine Flucht durch den Flur fort und treffe eine Kollegin. Es ist die Verkrampfte aus Dezernat V. Ausnahmsweise ist sie in bunte, fröhliche Farben gekleidet (sicher für unseren Hausmeister). «Hallo, schön, Sie zu sehen, Sie tragen ja heute richtige Gute-Laune-Farben», rufe ich im Vorbeigehen und schwenke meine neue, fröhliche Unterschriftenmappe. Die Verkrampfte schaut mich ausdruckslos an: «Danke, Sie auch.» – Ich bin heute ganz in Schwarz gekleidet.

Ich kann nicht mehr. Die Leute hier sind alle so anders. Ich fürchte, ich verstehe die Amtlichen nicht und sie verstehen mich nicht. Offensichtlich sprechen wir komplett unterschiedliche Sprachen. Gibt es verschiedene Spezies Mensch? Neulich habe ich einen Artikel gelesen, dass Wissenschaftler gerade eine Urmenschenform entdeckt haben. Vielleicht schreibe ich hiermit ja unfreiwillig eine wissenschaftliche Arbeit über diese Urmenschenform? Vielleicht wird das sogar eine Doktorarbeit oder so.

In derartig dunkle Gedanken versunken, lande ich mit meiner roten Unterschriftenmappe auf dem Klo, meinem letzten Zufluchtsort. Sozusagen dem *allerletzten* Zufluchtsort, denn einladend ist es hier drin wirklich nicht. Ich verschone Sie mit den Einzelheiten.

Die Tür fällt laut hinter mir ins Schloss, ich atme, wenn auch ungern, tief durch, drehe mich um zum Waschbecken – und stehe einer Frau gegenüber, die genauso verzweifelt aussieht, wie ich mich fühle. Wir schauen uns an und wissen sofort: Wir sind die *Anderen*: «Du kommst aus der freien Wirtschaft, stimmt's?»

Endlich eine Verbündete. Carola ist Computerspezialistin und fristet ihr Dasein im *Dezernat für Statistik und Graphik*. Sie kommt normalerweise erst gegen zehn ins Büro. Heute ist sie ausnahmsweise früher gekommen, und es ist nicht zu übersehen, dass das ihrer Gemütslage arg geschadet hat: Sie ist sehr aufgebracht. Auch Carola hat auf diesem *allerletzten* Ort Zuflucht gesucht und ist froh, mal jemanden zu treffen, der halbwegs die gleiche Sprache spricht. Es sprudelt nur so aus ihr heraus: «Weil ich immer so spät komme, habe ich vom ersten Tag an ein schlechtes Gewissen. Ich dachte doch bisher, die armen Kollegen kommen so früh wegen der vielen Arbeit, die sind immer schon zur Unzeit hier. Um sechs!

Und ich schaffe es einfach nicht, vor zehn einzulaufen. Deshalb habe ich ja Tag für Tag die Spätschicht übernommen. Und jetzt reicht es!» Sie schnauft wütend. «Seit acht Jahren arbeite ich schon im Amt und habe mich seitdem immer wieder gefragt, was meine Kollegen morgens um sechs im Büro eigentlich treiben? Wenn ich gegen zehn eintreffe, sind die meisten Arbeiten nämlich noch genauso unerledigt wie am Vorabend.»

Dass Carola nun ganz genau weiß, was ihre Kollegen in aller Frühe *arbeiten*, hat sie dem Vollmond zu verdanken, seinetwegen konnte Carola letzte Nacht nämlich nicht schlafen. Also erschien sie ausnahmsweise schon um halb sieben an ihrem Arbeitsplatz. Sie fand sämtliche Türen zu ihrer Abteilung verschlossen vor. Von Zimmer zu Zimmer arbeitete sie sich durch. Die ersten drei Büros waren dunkel und leer, obwohl die Kollegen im Zeiterfassungssystem als anwesend eingeloggt waren. Das vierte Büro war auch dunkel – aber nicht leer. Dort saß ihr Abteilungsleiter im unbeleuchteten Büro an seinem Schreibtisch und döste vor seinem Bildschirm. Er schreckte aus dem Halbschlaf hoch und hatte auch keine Ahnung, wo sich die anderen Kollegen gerade «versteckten». Einer fand sich dann angelehnt am Kaffeeautomaten in der Etagenküche, wie er müde an seinem ungespülten Becher nippte. Drei entdeckte sie im allerletzten dunklen Büro, die hatten es sich gemütlich gemacht mit einer kleinen Schreibtischlampe, fast wie bei Kerzenlicht. Sie bissen krachend in ihre Brötchen und erzählten sich gegenseitig Geschichten. Der nächste Kollege war mit dem «Geschäft» beschäftigt, zu dem er morgens zu Hause keine Zeit hatte, weil er eilig ins Büro musste. Er kam eine halbe Stunde später mit der Bildzeitung unter dem Arm vom Klo.

Stempeleien

Wer einen Fehler gemacht hat und ihn nicht korrigiert, begeht einen zweiten. Sagt Konfuzius. Ich gehe weiterhin tapfer jeden Morgen zur Postkutsche und habe es inzwischen geschafft, mich bei den Kollegen der dortigen Dienststelle beliebt zu machen. Man hat mir gnädig meinen anfänglichen «Zufrühkommer» verziehen. Ich achte seitdem sehr darauf, mich morgens nur schnell ins Zimmer zu schleichen und mir lediglich die Zeitung zu schnappen. Die restliche Post lasse ich brav im Fach liegen, bis die richtige Zeit gekommen ist. Frühestens kurz nach neun kehre ich zurück, um das Postfach zu leeren.

Ich bin jetzt schon seit einiger Zeit für die Eingangspost unseres gesamten Bereichs verantwortlich. Das heißt, ich hole morgens – nicht zu früh – die Post, halte dort einen Schwatz mit den Kollegen über das Wetter, die Kinder, die Enkel, den kommenden Urlaub und natürlich über die letzte Krankheit und die aktuellen Wehs und Achs. Manchmal helfe ich auch, ein Päckchen zu suchen oder Nachportoformulare auszufüllen. Und niemand wundert sich, wo ich so lange bleibe.

Erfrischt von den anregenden Postkutschengesprächen, versehe ich unseren Posteingang, der bereits den Eingangsstempel der Poststelle trägt, mit unserem eigenen Abteilungs-Eingangsstempel. Den Stempel habe ich extra dafür anfertigen lassen. Nicht einfach so, natürlich. Mein Chef wusste über die notwendige Beschaffenheit dieses amtlichen Stempels sehr, sehr viele wichtige Angaben zu machen. Da gab es schließlich einiges zu bedenken: Wir mussten uns klarwerden über Inhalt, Form und Größe des Stempels: Darf das Datum nur aus Ziffern bestehen? Sollte der Monat ausgeschrieben sein? Wäre ein einfacher Stempel mit externem Stempelkissen angemessen, oder sollten wir uns die Luxusausführung mit integriertem Kissen und Runterdrückfunktion gönnen (die richtige Bezeichnung müsste ich erst im Bestellkatalog nachschauen, ich bin etwas im Stress – all diese Stempeleien ...)

Unser Eingangsstempel ist nun leider sehr groß ausgefallen. Mein Chef hat sich durchgesetzt. Er brauchte dringend mal ein Erfolgserlebnis, und ich hab's ihm gegönnt. So wird der Monat nun ausgeschrieben gestempelt. Oft weiß ich nicht, wo ich ihn platzieren soll – den Stempel. Und es ist erst Juli. Wie soll das nächsten Monat werden, und erst übernächsten? Durch die Übergröße der Stempelschrift wird es manchmal schwierig, die Inhalte der Schreiben noch zu entziffern. Vielleicht könnten die Monatsbezeichnungen den Stempelgrößen angepasst werden? Genau, wir brauchen neue Monatsnamen, die den amtlichen Stempeln entsprechen. Ich sollte sofort eine Eingabe machen, da muss ein neues Gesetz

her, wir müssen eine Arbeitsgruppe bilden, Stempelbeauftragte ernennen, mindestens eine Projektgruppe bilden zur Findung von stempelfreundlichen Monatsbezeichnungen. Erlaubt wären maximal fünf Buchstaben. Der November könnte *Nobbi* werden, der September wäre *Seppi*. Über die anderen Monate sollen sich besser die Experten Gedanken machen. Ich bin schließlich nur eine unbedeutende Sekretärin ohne amtliche Ausbildung.

Aber immerhin bin ich eine gute Sekretärin, ich versehe sogar die Reklameblättchen pflichtbewusst mit dem neuen Eingangsstempel. Das macht zwar keinen Sinn und führt zu nichts, trotzdem: Unsere Neuanschaffung muss sich schließlich bezahlt machen. Nach vielen Stempeleien kredenze ich dann meinem Chef stolz die vorschriftsmäßig abgestempelte Werbung, fein geordnet in der Unterschriftenmappe. Vorschriftsmäßig auch deshalb, weil nach der Stempelanschaffung eine Notiz geschrieben wurde mit einer neuen Arbeitsanweisung: «Die von der Poststelle eingangsgestempelte Eingangspost ist mit dem Abteilungseingangsstempel zu versehen und an den entsprechenden Stellen von den jeweils zuständigen Dezernenten, Referenten, Abteilungsleitern und von den entsprechenden Sachbearbeitern ab sofort mit Angabe des Datums abzuzeichnen. Hierbei ist selbstverständlich die Rangfolge in der Hierarchie unbedingt einzuhalten.» – Niemand wundert sich darüber. Hoffentlich merkt auch niemand, dass ich die Werbung nicht irgendwo abhefte, sondern im Altpapier entsorge, wenn ich sie zurückerhalte. Schließlich werden die Werbeprospekte neben dem Stempelabdruck von allen wichtigen Menschen amtlich abgezeichnet – amtsgezeichnet sozusagen.

Da fällt mir gleich eine weitere Aufgabe für mich ein. Ich

könnte in Zukunft auch die Tageszeitungen stempeln. Damit mache ich meinem Chef bestimmt eine große Freude. Mal schauen, ich muss das natürlich zunächst genau überdenken, die Vor- und Nachteile abwägen. Ich muss mir über die rechtlichen Auswirkungen einer solchen Amtshandlung Klarheit verschaffen. Vielleicht sollte ich mich sicherheitshalber von unserem Justiziar beraten lassen. Am besten mache ich gleich einen Termin mit dem Amtsflüsterer, da habe ich endlich auch mal was zu flüstern. Schließlich kann so eine Neuerung weitreichende Konsequenzen nach sich ziehen: Vielleicht dürfen die Zeitungen dann nicht mehr, «nach ausreichend langer Lagerung» im Chefbüro, entsorgt werden, sondern müssen ins Archiv, weil sie durch den Stempel zu amtlichen Dokumenten werden? Es wird wieder nichts mit dem berühmten Büroschlaf. So viel Arbeit wartet auf mich, ich werde gleich mal einen ordnungsgemäßen Projektordner anlegen zum Thema «Tageszeitungsstempel».

Dazu kommt mir schon wieder eine Idee: Wir könnten auch einen eigenen Stempel anfertigen lassen, speziell für die Zeitungen. Je mehr Stempel auf meinem Schreibtisch stehen, umso wichtiger werde ich – oder sehe zumindest so aus. Das muss ich unbedingt mit meinem Chef ausgiebig besprechen. Denn je wichtiger seine Sekretärin aussieht, umso wichtiger wirkt er schließlich selbst.

Vielleicht bekomme ich sogar Bonuspunkte für diesen Vorschlag. Man könnte auch darüber nachdenken, ein neues

Stempelbonuspunkteprogramm für die Mitarbeiter einzuführen. Für jeden Stempel auf dem Schreibtisch gibt es zehn Bonuspunkte, macht ungefähr null Komma zehn Cent auszuzahlende Jahresprämie pro Stempel. Ja klar, und dann entwerfen wir für jeden Monat einen eigenen Stempel! Wenn wir schnell zu einer Einigung kommen, kann ich das Thema schon für die nächste Großkonferenz auf die Tagesordnung setzen – oder für die übernächste – vielleicht auch erst nach der Urlaubszeit – oder kurz vor Weihnachten, eventuell auch erst für Anfang nächsten Jahres. Es gibt so viel zu tun und vor allem: so viel zu planen und zu stempeln.

Und so schnell ist es Herbst geworden. Stellen Sie sich vor: Keiner meiner Verbesserungsvorschläge zum Thema Stempel wurde (bisher) umgesetzt. Meine Geduld wird auf eine harte Probe gestellt. Ich bin beleidigt. Aus lauter Frust stemple ich jetzt gar nicht mehr. Aber auch das bemerkt niemand. Immer öfter frage ich mich, wofür ich überhaupt eingestellt wurde. Ich habe in meinem gesamten bisherigen Berufsleben noch nie so wenig gearbeitet. Und dabei gelte ich hier sogar als fleißig.

Wenn ich verzweifelt bin – und das kommt oft vor, weil ich kaum mehr weiß, wie ich die Zeit im Amt sinnvoll überstehen soll –, dann meditiere ich. Ich würde mich so gerne nützlich machen, aber das ist hier nicht erwünscht, weil mir die amtliche Ausbildung fehlt. In meiner Not meditiere ich dann. Das führt dazu, dass sich auch mein Arbeitstempo ganz schön gedrosselt hat. Manchmal erschrecke ich sehr darüber und bekomme dem Steuerzahler – und somit auch mir – gegenüber ein schlechtes Gewissen. Aber außer mir selbst wundert sich niemand über meine Entdeckung der Langsamkeit. Es fragt auch keiner, was ich eigentlich die ganze Zeit treibe. Nein, ich werde für meine Schnelligkeit gelobt. Immer wieder ist mein lieber Chef erstaunt: «Was, sind Sie schon fertig damit?» Und das, obwohl ich mehr als getrödelt habe und zwischendurch zwei Privatmails geschrieben, eine Kurzgeschichte verfasst und im Internet gesurft habe. Ich habe sogar zwei regelmäßige Verzweiflungsrunden durchs Haus in meinen Arbeitstag integriert, einmal die Treppen hoch und runter, einen «Bremerkampwitz» und das tägliche Schwätzchen mit den Kollegen von der Poststelle inklusive. Aber ich schaffe es immer noch nicht, mich dem amtlichen Tempo anzupassen.

Das nutzlose Rumsitzen stresst mich sehr. Beim Schreiben dieses Satzes geht mir etwas durch den Kopf, ein Gedankenblitz: Vielleicht ist genau *das* ja der Grund, warum die meisten Kollegen hier so gestresst sind?

Alles nimmt seinen Gang

Hier läuft etwas gewaltig schief! Ich wurde befördert. Wahrscheinlich wegen guter Führung. Was mache ich bloß falsch? Nun bin ich zur «Beauftragten für das Zeiterfassungssystem» ernannt worden. Leider schon wieder ohne Gehaltserhöhung. Immerhin habe ich eine zusätzliche Aufgabe erhalten, ich werde vielleicht ja doch noch nützlich. Im Rahmen meiner neuen amtlichen Funktion habe ich schon eine interessante Entdeckung gemacht: Die Schritte der Kollegen verändern sich. Jeden Morgen hasten sie gestresst zum Zeiterfassungsgerät, und sobald sie sich eingeloggt haben, verlangsamen sich ihre Bewegungen enorm. Ihr Tempo wird amtlich. So als würde man beim Autofahren vom vierten in den zweiten Gang schalten. Die alten Hasen schaffen es sogar *automatisch* in den ersten Gang. Vielleicht gibt es so etwas wie einen Zeitsprung? Von der Welt da draußen springt man durch eine Zeitschranke – die Zeiterfassung – und landet gemächlich in der amtlichen Zeitrechnung. Ich muss mal die Uhren vergleichen, irgendetwas ist wirklich anders mit der Zeit hier drinnen. *Mir* kommen zehn Minuten nämlich stets wie eine Stunde vor.

Umso erstaunlicher ist, was mir neulich passierte: Ich war (mal wieder) auf dem Gang unterwegs. Direkt hinter mir lief ein Kollege. Ich wusste auch genau, wer es war, ich brauchte mich gar nicht umzudrehen: Er lässt sich, auch ohne dass man ihn sieht, am Duschgel erkennen. Leider, denn es ist dieses penetrante Axe- oder Adidas-Deo, das mich immer wieder auf der Stelle aus der Fassung bringt. (Beide Marken verpesten die Luft gleichermaßen, der Unterschied macht sich nur auf dem Preisschild bemerkbar.) Da sind mir die Kollegen, die kein Deo benutzen und nur samstags in die Badewanne steigen, noch angenehmer. Also, da tauchte nun dieser miefende Axe-Adidas-Kollege so unangenehm dicht hinter mir auf, dass ich den Eindruck haben musste, er wolle mich überholen (was ja an sich schon erstaunlich ist). Ich merke jetzt noch, wie mein Adrenalinpegel steigt, wenn ich nur an diesen Gestank denke. Dieser Dunst scheint in meinem Hirn direkt in der Region anzudocken, die für Aggressionen zuständig ist. Der drängelnde Stinker rückte mir so lästig nah auf die Pelle, dass ich schnell zur Seite ausweichen wollte, um ihn vorbeizulassen. Doch der so abstoßend stinkende Drängler meinte nur: «Nee, nee, gehen Sie ruhig weiter, ich bleibe hinter Ihnen. Ich habe es nicht eilig, ich bin schon in der Zeiterfassung eingeloggt!»

Nicht nur den Stinker, Frau Rose oder Herrn Bremerkamp, auch andere Kolleginnen und Kollegen treffe ich ständig auf den Gängen. Viele scheinen unablässig im Amtsgebäude unterwegs zu sein. Ob die kein Büro haben? Kein Zuhause? Oder keine Arbeit? Müssen die sich Bewegung verschaffen, damit sie nicht einschlafen, oder sind die auch alle auf der

Flucht? Ich glaube, es gibt mehrere Sorten Gangläufer hier, die sich in Kategorien einteilen lassen.

1. **Die Stresser** reagieren sich mit einer schnellen Runde durch die Gänge ab. Vielleicht laufen sie aber auch nur vor ihrer stressigen Arbeit weg. Sie neigen zu Magengeschwüren.
2. **Die Langweiler** können weder mit sich noch ihren Akten viel anfangen und hoffen auf ein wenig Abwechslung (ja, tatsächlich: auf dem stickigen Gang).
3. **Die Büroschläfer** haben bereits eine längere Ruhepause hinter sich und bewegen sich nun in gemächlichem Tempo über den Flur, um den Kreislauf anzuregen, vorzugsweise kurz vor der Mittagspause oder dem Feierabend.
4. **Die Nichtsdenker** (oder auch: Nichtsfühler und -merker) haben ohnehin keine Ahnung, was sie den ganzen Tag treiben, und wissen deshalb auch nicht wirklich, warum sie gerade unterwegs sind.

Und dann gibt es da noch ein paar arme Flüchtlinge … Der Gerechtigkeit halber sei hier angemerkt, dass es sogar im Amt echte Arbeitstiere gibt. Aber die haben sich in ihren Denkboxen verbarrikadiert und werden kaum gesichtet. Ich selbst ordne mich bei den Flüchtlingen ein, denn schon wieder bin ich unterwegs auf den Gängen, um die Zeit totzuschlagen. Mein Chef telefoniert gerade so laut, dass ich mich sowieso nicht auf meine Arbeit konzentrieren kann.

Leider musste ich in der vergangenen Woche noch mehr Steuergelder verschwenden. Es gab Ärger. Die rote Unterschriftenmappe wurde mir verboten. Rot darf nur das alleroberste Chefbüro verwenden. Es wurde gemunkelt, dass ich wohl etwas Besseres sein wolle. Ich würde offenbar in «roten Aufstiegsträumen» schwelgen. Aufstieg ins oberste Vorzimmer. Das ist natürlich Quatsch: Ich würde mich bedanken – da will ich garantiert nicht hin. Die armen Mädels dort sitzen zu viert in einem Zimmer und haben *wirklich* Stress, da helfen auch die schönen Bilder (richtig gute Originalgemälde) an ihren Wänden nicht sehr viel.

Mir ist mein kleines eigenes Vorzimmerreich viel lieber. Ich habe es inzwischen so gut wie möglich heimelig gemacht, ein paar Pflanzen, eine Gießkanne, meine eigenen «Gemälde» und eine Lichterkette sorgen für Gemütlichkeit (jedenfalls wenn man sich den Rest, also wenigstens den Teppich und die schiefen Aktenstapel, wegdenkt). Es geht doch nichts über ein eigenes Büro, notfalls auch mit einer Direktverbindung zum Vorgesetzten. Wenn mein Chef mal nicht gerade im Türrahmen steht und mit seinen Monologen beschäftigt ist, dann kann ich ganz unbeobachtet mit den Augen rollen, Grimassen schneiden, den Kopf schütteln und sogar in lautlose Lach- oder auch Heulkrämpfe verfallen, je nach Belieben. Diesen Luxus möchte ich für keinen anderen Job hier aufgeben.

Was die Mappe angeht, habe ich mich nun für ein freundliches Grün entschieden. Sie steht mir sogar recht gut, hoffentlich darf ich die behalten. Ich laufe nun mit grüner, also mit einer etwas weniger wichtigen und somit angemessenen, Mappenbegleitung die Treppen zweimal hoch und runter und befinde mich auf dem Rückweg in mein Büro. Möglicherweise ist mein Chef endlich zur Ruhe gekommen, und ich kann weiterarbeiten. Unterwegs treffe ich natürlich wieder auf Herrn Bremerkamp – auf dem Gang. Er erzählt mir einen Witz, den einzigen, den ich mir bis hierher merken konnte:

Treffen sich zwei Schweine (vermutlich auf dem Gang), sagt das eine Schwein: «Ich mache mir Sorgen um unsere Zukunft.» Antwortet das andere Schwein: «Ach, ist doch eh Wurst, was aus uns wird.»

(Ich kann kein Schwein malen, hab's versucht.)

Das ist doch mal so richtig passend für das amtliche Leben hier. Da steckt echt viel Weisheit drin, vielleicht auch Weißwurst ... Wer kann das schon so genau sagen auf diesen Gängen? Und wenn ich mal keinen Witz zu hören bekomme, dann werde ich garantiert von Bürgern – unseren sogenannten Kunden – angesprochen. Immer treffe ausgerechnet ich auf Kunden, wenn sie verwirrt durch unsere Gänge irren. Sie sind dann auf der Suche nach einem Sachbearbeiter, der gerade nicht in seinem Büro Sachen bearbeitet und auch nicht auf seiner Runde auf dem Gang zu finden ist. Und immer sprechen diese Bürger *mich* an. Warum immer ich? Mir sagte mal jemand, ich sei ein «Sympathieträger». Vermutlich meinte er damit, ich sähe so bescheuert aus, dass mich alle nett finden müssten. Das mag ja sein, es hilft mir aber nicht weiter: Woher soll ausgerechnet ich denn wissen, wer sich gerade im Archiv versteckt oder wer sich auf welchem Klo verschanzt?

Aber ich bin weiterhin Profi (obwohl ich nun schon einige Zeit im Amt bin) und natürlich stets bemüht, freundlich und hilfsbereit zu sein. So versuche ich einmal einer älteren Dame (Kundin) zu helfen, die einen Mitarbeiter aus einer anderen Abteilung sucht. Sie hätte schon mehrfach an seine verschlossene Tür geklopft, aber es sei offensichtlich niemand anwesend, obwohl doch Sprechzeit sei. Ich nehme die hilflose Frau mit in mein Vorzimmer und rufe beim Gesuchten an. Niemand meldet sich, keine Rufumleitung, nichts. Ich telefoniere alle anderen Stellen der fremden Abteilung durch, bis ich nach dem sechsten (gefühlten dreißigsten) Versuch jemanden erwische. Dort wird mir mitgeteilt, dass niemand wisse, wo der gesuchte Kollege sich im Moment aufhalte, aber er sei auf jeden Fall heute schon gesichtet worden, also ausnahmsweise mal nicht krank. Mir bleibt nichts anderes übrig: Ich telefoniere weiter wahllos im Hause herum, denn die aufdringliche Kundin lässt sich nicht abschütteln.

Was geht mich eigentlich die Fremdabteilung an? Dafür bin ich überhaupt nicht zuständig. Ich schaue die Bürgerin entnervt an. «Kann ich vielleicht doch etwas ausrichten?», frage ich nun zum dritten, vierten oder fünften Mal. Sie schüttelt den Kopf und erklärt mir endlich: «Nein, es handelt sich um einen Privatbesuch, ich muss unbedingt etwas abholen.» – «Soll ich ihn ausrufen lassen?», biete ich an, Privatangelegenheiten sind schließlich sehr wichtig im Amt. In diesem Moment klingelt mein Telefon, der Gesuchte ist dran. «Komisch, ich war die ganze Zeit in meinem Büro», klingt es ziemlich verschlafen aus dem Hörer. Ich wahre die Fassade, aber sicher spürt er, dass ich ihm nicht glaube. Jedenfalls ergänzt er verlegen: «Meine Tür war nur verschlossen, weil ich heute Morgen durch das Nebenbüro reinkam.»

Wollen wir wetten, dass der werte Kollege schlicht und einfach gepennt hat? So wie meine Freundin Steffie, die als junges Mädchen auch mal auf einem Amt tätig war. Sie teilte sich mit einer netten älteren Dame das Büro. Und weil Steffie als junges Ding nachts rege unterwegs war und deswegen immer sehr müde zur Arbeit erschien, hatte die ältere Kollegin Mitleid mit ihr. Sie stellte die Schreibtische so um, dass man beim Eintreten ins Büro nicht unter die Tische schauen konnte. Die verständnisvolle Büromitbewohnerin legte auch noch eine kuschelige Decke unter den Schreibtisch – so durfte Steffie dort am Vormittag ungestört den versäumten Schlaf nachholen. Und nachmittags wurde die Decke dann von der netten Kollegin selbst genutzt: für ein Verdauungsschläfchen.

Modegespenster

Ich muss zugeben, dass ich an Frau Marschall schon lange nicht mehr gedacht hatte. Dazu bestand ja auch wenig Anlass: Frau Marschall war eine Bekannte meiner Oma und hat, genau wie jene, bereits vor vielen Jahren das Zeitliche gesegnet. Heute Morgen im Büro aber hatte ich eine Erscheinung und dachte für einen irritierenden Moment, Frau Marschall sei von den Toten wiederauferstanden.

Vorausschicken muss ich Folgendes: Meine Oma war eine Dame, eine zierliche, elegante Person, die bis ins hohe Alter auf sich achtete, auch in modischer Hinsicht. Ich erinnere mich daran, wie wir einmal gemeinsam loszogen, um einen Rock für sie zu kaufen. Da war sie 87. Unermüdlich schleppte sie mich in alle schicken Läden unserer Stadt, zwischendurch verlangte sie nach Kaffee und Kuchen. Sie probierte viele Röcke an, hin und wieder murmelte sie «zu grau» oder «zu langweilig» und so etwas, dabei zwinkerte sie mir hinter dem Rücken der Verkäuferinnen mit dem Auge zu, als wollte sie sagen: Ich lass mir doch keine Rentneruniform andrehen. Sie entschied sich schließlich für einen fröhlichen Sommerrock mit schmalen blau-weißen Streifen in wunderschöner Glockenform aus der Boutique «Paris» am Marktplatz, direkt neben dem Dessousladen, der vor allem Flanell-Schlafanzüge verkaufte. Meine Oma sah toll aus in ihrem jugendlichen Rock aus der Boutique, wo die jungen Leute sonst ihre ersten Jeans kauften. Ihre Augen blitzten vor Lebensfreude, und wir feierten den gelungenen Kauf und das Leben an sich in Knuts Weinstube bei leckerem Essen und gutem Wein. Ja, meine Oma war auch im Alter eine lebensfrohe und schöne Frau.

Nun hatte meine Oma diese Bekannte, Frau Marschall, eine matronenhaft üppige Erscheinung mit riesigem Busen, den sie wie eine Waffe vor sich her trug. Was die beiden verband, ist mir bis heute ein Rätsel. Sie passten in vielerlei Hinsicht nicht zusammen. Man musste nicht mal mit beiden sprechen, um das herauszufinden. Man sah es auf den ersten Blick: Frau Marschall war nämlich, abgesehen von ihrer «Körpergröße», auch noch bekennende Lochstrickpulloverträgerin. Ihre Pullover waren stets aus hundert Prozent Polyacryl mit Lochstrickmuster in den klassischen Farben Hellblau, Rosa und Gelb. Diese wunderlichen Erzeugnisse stammten in der Regel von einem Wühltisch bei Woolworth und wären bei meiner Großmutter nicht mal für die Gartenarbeit in Frage gekommen. Eine Anmerkung für jüngere Leser: Diese Kaufhauskette ist inzwischen fast ausgestorben und war schon zu ihrer Blütezeit ein fragwürdiger Modeberater. Schlafanzüge aber konnte man dort gut und günstig kaufen. Ich schlafe auch heute noch in einem aus dieser Zeit, aber nur heimlich, wenn ich meine Nächte allein verbringe.

Die absonderlichen Vorlieben von Frau Marschall tolerierte meine Oma mit weisem Großmut. Sie lästerte eigentlich nie über andere Menschen, nur einmal ließ sie sich zu einer Bemerkung hinreißen: «Frau Marschall hat ein gutes Herz, obwohl sie sich selbst nichts gönnt. Ihre einzige Anschaffung, die mehr gekostet hat als ihre Heizdecke, war das Hochzeitskleid.» Frau Marschall konnte halt einfach keinen Sinn darin erkennen, sich hübsch zu machen.

Und schon sind wir wieder mitten im Amt und bei meiner doch sehr verstörenden «Frau-Marschall-Erscheinung». Ich schlenderte heute Morgen, die Unterschriftenmappe locker unter den Arm geklemmt, mit amtlichem Gesichtsausdruck über den Flur und bemühte mich, emsige Geschäftigkeit auszustrahlen. Da sah ich von weitem meine Kollegin in leuchtendem Gelb auf mich zusteuern. «Endlich mal eine freundliche Farbe», dachte ich noch. Ute Brunner hatte ausnahmsweise auf ihre kleingemusterte darmrosa Bluse verzichtet, mit der sie immer wirkt, als ernähre sie sich ausschließlich von Lebertran. Ich hege den Verdacht, dass sie diese blässlichen Blusen nur trägt, weil sie so gut zum Teppich in unseren Amtsstuben passen. Vielleicht steckt auch der Wunsch dahinter, sich im drögen Ambiente des öffentlichen Raums vollständig aufzulösen. Doch heute, das erkannte ich, als sie mir schließlich gegenüberstand, war sie noch einen Schritt weiter gegangen – ziemlich weit für meinen Geschmack: Sie trug einen leuchtend gelben Lochstrickpullover Marke Polyacryl. Vermutlich ein Original von Woolworth. Ich muss Frau Brunner entgeistert angestarrt haben. Ich kann nicht mit Sicherheit sagen, ob ich es nur dachte oder ob es mir in meiner Verstörung tatsächlich rausrutschte: «Aber die Farbe ist schön.»

Um das Ausmaß dieser modischen Katastrophe von Ute Brunner gebührend einschätzen zu können, sollten Sie vielleicht noch wissen, dass sie 15 Jahre jünger ist als ich und – zumindest laut Personalakte – näher an der Pubertät als an den Wechseljahren. Offenbar aber versucht sie, die üblichen Evolutionsstufen ihrer Beamtenkarriere im Schweinsgalopp zu bewältigen, auch modisch. Ute Brunner jedenfalls scheint zu denken, dass sie besser gleich zum Lochstrick-Look übergeht. Dazu trägt meine Kollegin die passende praktische Dauerwellenfrisur, die auch Frau Marschall bevorzugte. Der einzige Unterschied besteht (momentan noch) darin, dass ihr Haar immerhin in einem kräftigen Rot leuchtet, während Frau Marschalls weißer Schopf stets in einem interessanten Lilaton schimmerte.

Na gut, möglicherweise übertreibe ich ein wenig und gehe mit der Kollegin Brunner zu hart ins Gericht. Aber ihre Verwandlung in Frau Marschall hat mich auch deshalb so aufgeschreckt, weil mir wieder einmal klarwurde: Die Frau ist keine Ausnahme. Die Frau ist die amtliche Regel. Ich fürchte, Frau Brunner war schon mit 20 nicht so jung, wie es meine Oma noch mit 87 war.

Selbst ich in meinem fortgeschrittenen Alter falle hier offenbar aus der Reihe: Ich sei so lebendig, hat man mir gesagt. Vermutlich war das aber nicht so nett gemeint, ich bin nämlich die Einzige, die mal lacht (wenn auch meistens aus Verzweiflung). Ich bin auch fast der einzige Mensch im Haus, der nicht grau oder khakibraun und kleingemustert (eben passend zum Teppich) gekleidet ist. Deswegen nennt man mich auch «die Bunte» (im hauseigenen Dialekt gesprochen: die Bunde). Ich habe mir sogar zwei Bun(t/d)faltenhosen gekauft, die natürlich nicht bunt sind. Ja, tatsächlich, ich kleide mich hier so bieder, dass ich auf dem Arbeitsweg immer hoffe, von keinem Außeramtlichen erkannt zu werden. Und ich bekomme dafür auch noch interne, also amtliche, Komplimente. Ich hätte nie für möglich gehalten, dass ich mal solche Hosen tragen würde. Aber ich muss ehrlich zugeben: Sie sind bequem.

Ich bin kein Modejunkie, keineswegs. Ich ziehe an, was mir gefällt, egal ob der Schnitt gerade «in» ist oder völlig «out». Ich kenne keine Modefarben, und ich lese keine Frauen- oder Modezeitschriften, aber manchmal wäre es trotzdem schöner, wenn mir auf dem Flur da draußen mal ein Mann begegnen würde, der keine Hochwasserhosen zu Sandalen oder ausgelatschten Turnschuhen aufträgt. Nach einem Blick auf die meisten meiner Kolleginnen würde es mich nicht wundern, wenn sie «H & M» für eine mondäne Zigarettenmarke hielten ...

Nun ja, über Geschmack ... Gut, dass Sie mich nicht sehen können, denn genau in diesem Moment kreiere ich eine neue, sehr ausgefallene Mode, allerdings unfreiwillig. Nicht so wie mein Mann, der zum Abitur im Nachthemd erschien und sich damals außerordentlich cool fand darin. Nein, cool finde ich mich im Moment nicht – eher nass und kalt.

Heute Morgen wurde ich das Opfer eines überraschenden Regengusses. Das Wasser kam so richtig mit mächtigen Windböen von der Seite; mein kleines buntes Schirmchen war machtlos dagegen und gab verbogen seinen Geist auf. Es findet gerade seine letzte Ruhe hier im Mülleimer unter meinem Schreibtisch. Zwar habe ich die verschiedensten Schuhe in meinem Büroschrank deponiert, auch einen Blazer, der zu allem passt – aber leider keine Ersatzhose. Einen ganzen Tag lang in nasser Hose aber kann und will ich mir nicht zumuten. Deswegen sitze ich nun in meiner langen Unterhose hinter meinem Schreibtisch. Gott sei Dank trage ich heute nicht die geliebte blau-weiß gestreifte und sehr gemütliche von Woolworth mit Eingriff, die meinem Vater gehörte. Meine Wahl fiel am Morgen intuitiv auf eine unauffällige graue Buxe, die sich wunderbar ins Amt einfügt. Allerdings ist diese auf links gedreht, weil die Naht sonst so kratzt (es handelt sich um eine preiswerte Leggings mit schnell ausbeulenden Knien). Hoffentlich muss ich nicht aufstehen, bis meine Hose auf der Heizung getrocknet ist.

Falls doch, dann werde ich mich kerzengerade aufrichten, selbstbewusst den Rücken durchdrücken und meinem Chef erklären: «Neue Mode, lieber Chef, das trägt man jetzt so.»

Zeit(ungs)arbeit

Ich werde doch langsam unentbehrlich. Neben meinen wichtigen Jobs als Postbeauftragte und Zeiterfassungsexpertin bin ich auch Zeitungsleserin. Eine echte, berufsbedingte Zeitungsleserin. Jeden Morgen muss ich für meinen Chef die Zeitungen studieren und ankreuzen, was ihn beruflich interessieren könnte. Klingt das nach einem prima Job für Sie? Für mich nicht, ich hasse das Zeitunglesen! Ich mag diese ganzen Negativschlagzeilen, Schlechtmachereien und Katastrophenmeldungen nicht. Für mich ist es eine große Nachricht, wenn das erste Gänseblümchen auf der Wiese gesichtet wird oder der erste Schnee fällt. Aber so was steht nicht in diesen Blättern, die mir jeden Morgen die Hände schwarz färben. Für das, was *ich* sehen will, muss ich schon selbst die Augen offen halten. Leider darf ich die Augen nicht vor den Zeitungen verschließen: Mein Chef besteht darauf, dass ich die verhassten Nachrichten für ihn filtere und Interessantes ankreuze. Bislang habe ich das klaglos hingenommen, ich werde ja schließlich (kläglich) dafür bezahlt, meinen Chef fröhlich zu stimmen. Nun aber habe ich festgestellt, dass er die Zeitungen der letzten Tage offenbar ignoriert hat. Nicht mal die von mir angestrichenen Überschriften hat mein Chef gelesen.

Hellhörig wurde ich, als Frau Brömmel im Büro stand und mit ihm über einen Artikel vom Vortag sprechen wollte. Frau Brömmel ist die wichtigste Frau hier im Amt. Sie ist eine der Vorzimmerdamen von *ganz oben* und für amtliche Verhältnisse unglaublich energiegeladen. Ihre Kostüme aus hundert Prozent Polyester knistern bei jeder Bewegung. Es funkt und blitzt wie ein Feuerwerk, wenn sie so richtig in Rage ist. Deswegen nenne ich sie auch «Vorzimmerdrachen». Frau Brömmel ist so wichtig, weil sie über allen Klatsch und Tratsch genauestens Bescheid weiß – und auch gerne mit diesem Wissen glänzt. Mein Chef steht gut mit ihr, damit sie ihn auch weiterhin mit allen wichtigen und unwichtigen Neuigkeiten versorgt, denn auf diesem Gebiet habe ich komplett versagt. Mir ist es ja bisher nicht gelungen, mich in dieser Sparte zu etablieren. Ich habe hier immer noch keine Freundinnen, die mir Indiskretionen aufdrängen könnten. Dabei ist Information alles, wenn man im Amt was gelten will, das weiß ich ja. Aber die Verständnisprobleme zwischen mir und den Kolleginnen sind noch immer unüberwindbar.

Bevor ich wieder in meiner Einsamkeit versinke, lieber zurück zum Zeitungsartikel, den mein Chef nicht gelesen hatte. Er tat natürlich so, als wüsste er genau, worüber die Kollegin Brömmel sprach. Ich allerdings habe sofort gemerkt, dass mein lieber Chef keine Ahnung hatte, nicht den leisesten Schimmer … Nur der Vorzimmerdrachen merkte nichts davon, ich glaube, die Kollegen merken hier alle nicht besonders viel. Das wäre ja auch in Ordnung, wenn nicht ausgerechnet ich diejenige gewesen wäre, die während dieses Gesprächs von Selbstzweifeln geplagt wurde.

Sobald uns Frau Brömmel, funkenversprühend und von Polyesterblitzen begleitet, verlassen hatte, sprang ich zum schiefen Zeitungsstapel und suchte den gerade ausführlich besprochenen Artikel. Konnte ich tatsächlich vergessen haben, diesen wichtigen Beitrag samt kritischem Leserbrief zu markieren? Aber nein, Erleichterung, alles war ordnungsgemäß angemarkert. Das wiederum gab mir zu denken. War es möglich, dass mein lieber Chef meine tägliche Lektüre inklusive peniblem Notat gar nicht las?

Ich beschloss, ihn zu testen: In den folgenden Tagen kreuzte ich völlig unsinnige Texte an. Artikel wie «Ein unbekannter Mann bekam nasse Füße, als er in den Keller ging» oder den Bericht aus der Lesermeinungsecke, in dem sich ein Mitbürger über das Kaugummipapier vor dem Kiosk an der Ecke beschwerte («Wie kann das sein, bei dem stetigen Großaufgebot an lauten, stinkenden Kehrmaschinen?»). Und siehe da: Selbst auf die wahllosesten Markierungen meinerseits kam keine Reaktion aus dem Chefbüro. Er scheint die Zeitungen, die sich wichtig auf seinem Schreibtisch in die Höhe stapeln, nicht mal in die Hand zu nehmen. Und dafür wird so viel Papier bedruckt und meine Zeit verschwendet? Immerhin geht es um mehrere Blätter täglich von unterschiedlicher politischer Färbung, damit er von allen Seiten informiert ist. Ich glaube, ich lese diesen Mist in Zukunft auch nicht mehr. Ich streiche nur noch auf gut Glück Artikel an und nutze die eingesparte Zeit zum Meditieren (von Gänseblümchen und so). Vielleicht kann ich meinen Chef ja doch irgendwann überreden, diese ganzen Revolverblätter abzubestellen. Das spart 'ne Menge Geld, Zeit und Platz. Leider ist es nämlich so, dass sein Zeitungs-Turm schon beinahe umstürzen muss, bevor ich mich erbarmen darf und die Zeitungen vom Schreibtisch nehmen kann – aber nur diejenigen, die älter als eine Woche sind. Erst einmal stapele ich sie in einer freien Ecke im Chefbüro. Ich darf sie nämlich noch nicht entsorgen. Erst wenn auch dieser Stapel dem Gesetz  der Schwerkraft folgt, darf ich die Zeitungen zum Papiercontainer bringen. Aber nur die allerältesten. Es könnte ja sein, dass man(n) noch mal reinschauen muss.

Natürlich habe ich es nicht dauerhaft durchgehalten, falsche Markierungen zu setzen. Nur manchmal, wenn ich einen aufmüpfigen Tag habe, traue ich mich das. Neulich kam ich nach einem Tag Urlaub ins Büro, auf meinem Schreibtisch lag ein dicker ungelesener Zeitungsstapel. Ich fing also an, pflichtbewusst die ungeliebten Blätter durchzusehen und die für uns (mehr oder weniger) relevanten Themen zu markieren. Entnervt von den ganzen Hiobsbotschaften, gab ich diesen Papierhaufen schließlich an meinen Chef weiter.

Zur Frühstückszeit fragte er mich leicht irritiert, wo denn die aktuelle Tagespresse sei. Aha, er hat also zu Hause noch nicht das örtliche Zeitungsblatt gelesen, deswegen kam er heute so früh ins Büro, vermutlich dicke Luft daheim, denke ich und antworte lustlos: «Die habe ich Ihnen doch auf den Tisch gelegt.» Er wirkte leicht verwirrt zu so früher Stunde und ein wenig ratlos, also musste ich helfen.

Wir suchten und suchten, fanden aber die aktuellen Ausgaben nicht. Nach aufgeregter und ausführlicher Suche (alle Ordner, Akten und alten Zeitungen wurden hochgehoben –

und das sind viele) wurde klar, dass die aktuellen Presseblätter noch im Postfach liegen mussten. Ich hatte nicht gemerkt, dass ich die Zeitungen vom Vortag gelesen hatte. Mein Chef war aber auch nicht viel besser: Er hatte nicht mal bemerkt, dass er am Vortag *gar keine* Zeitung gelesen hatte.

Das wäre meinem Copyshopman niemals passiert. In meinem früheren Job musste ich oft große Architektenpläne im örtlichen Copyshop ausdrucken lassen. Der Kopierladenbesitzer war ein sehr netter, studierter und zudem gebildeter Mitbürger persischer Abstammung mit ständig roten Augen vom vielen Kiffen. Ich ließ mich genüsslich in längere Diskussionen verstricken, in seinem Copyshop hielt ich mich gerne auf. Der Mann hatte nicht nur kluge Ansichten, in seinem Laden roch es auch immer so gut – jedenfalls nicht nur nach Toner.

Bei meinem letzten Auftrag hatte ich die Daten, die ausgedruckt werden sollten, wie immer vorab per Mail geschickt. Ich kannte den Kopierchef ja nun schon von früheren Aufträgen, sodass ich vorsichtshalber anrief und ihm mitteilte, ich bräuchte die Pläne ganz dringend, ob er sie schon mal fertig machen könne. «Alles klar, Sie können die Ausdrucke in einer Stunde abholen.»

Seine «amtliche Kopierweise» war mir bereits bestens bekannt, so stand ich vorsichtshalber erst *zwei* Stunden später in seinem Laden. Der Kopierer schaute mich freundlich an, seine roten Augen leuchteten mir entgegen. «Tut mir leid, ich habe die Pläne noch nicht ausgedruckt.» – «O Mist, jetzt aber schnell, war denn so viel zu tun?» Ich bekam mit freundlichem Grinsen zur Antwort: «Nein, ich habe Zeitung gelesen.»

Persönliche Bereicherung

H ier gibt es einen amtlichen Fall, der läuft schon seit Monaten. Seit Monaten sind sehr viele Menschen mit dieser Angelegenheit beschäftigt. Sachbearbeiter von verschiedenen Sachen, die aber alle mit diesem Fall zu tun haben, Abteilungsleiter, noch mehr Sachbearbeiter und inzwischen auch leitende Bearbeiter in höchster Position.

Wichtige Besprechungen werden abgehalten, munter werden Mails mit dem Kunden (dem Fall) ausgetauscht; auch Schriftverkehr in Papierform, es werden interne Vermerke geschrieben, immer wieder geprüft, es werden Sachbearbeiterbefragungen durchgeführt, Daten gesammelt, neu gemischt und wieder andersherum sortiert und erneut geprüft ... In diesem prekären Fall fordert der Kunde Geld von uns zurück.

Lange ist man zerstritten, weil die Amtlichen der Meinung sind, er hätte keinen Anspruch darauf. Gesetze werden studiert, Arbeitsanweisungen von A bis Z und zurück gelesen, Fallbeispiele rausgesucht. Nach Monaten der Diskussion wurde schließlich festgestellt, dass der Kunde eine amtliche Mail von uns nicht erhalten hat. Es wurde bemerkt, dass bei der besagten Nachricht die Mailadresse des Kunden mit einem Bindestrich statt mit einem Unterstrich geschrieben worden war und so die Nachricht tatsächlich gar nicht ankommen konnte. Das führte zu erneuten Diskussionen auf allen Ebenen, auch auf den hochbezahlten. Wer hat schon einen Unterstrich in seiner Mailadresse? Das kann doch nur jemand sein, der das Amt in die Irre führen will. Unterstriche – so weit die inoffizielle Haltung der Amtsinsassen – wirken unseriös und gehören verboten. – Kann mal jemand schnell einen Vermerk dazu verfassen oder ein Gesetz verabschieden?

Zurück zum Fall. Also der Kunde mit dem Unterstrich möchte nun zu Recht sein Geld zurück. Er hat tatsächlich Anspruch auf Rückzahlung, das ist nach (un)angemessener Bearbeitungszeit amtlich.

Beim Erstellen der Banküberweisung fällt der aufmerksamen Sachbearbeiterin aber leider auf, dass der Kontoinhaber ein anderer, schlimmer: *eine* andere ist als unser Kunde. Der Betrag, den der Kunde damals an uns gezahlt hatte, kam vom Konto seiner Lebensgefährtin, wie wir nach ausführlichen Recherchen herausfanden. Frau Brömmel kennt den Kunden, sie ging mit ihm in der Grundschule in dieselbe Klasse. Also wieder zum Chef, wieder Diskussionen, wieder werden Bestimmungen und Gesetze zurate gezogen. Es werden Fragen gestellt. Vielleicht sind die beiden inzwischen schon getrennt? (Brömmelchen weiß zu berichten, dass der Kunde häufig wechselnde Liebesbeziehungen hat.) Was wäre, wenn die (womöglich nur noch ehemalige) Lebensgefährtin das Geld unserem Kunden nicht ordnungsgemäß weiterleiten würde? Könnte er das Geld dann von uns ein zweites Mal verlangen? Hätten wir in einem solchen Fall Anspruch, den Betrag von der Lebensgefährtin (vielleicht inzwischen nur noch Exfreundin) zurückzufordern?

Es folgen weitere Überlegungen, die ich mir und Ihnen erspare, außerdem habe ich ab hier nicht mehr so genau zugehört, weil ich von diesem Fall schon mehr als entnervt bin. Schließlich höre ich nun schon seit Monaten die verschiedensten Versionen. Ich kann und will nichts mehr mitbekommen davon, bis sich aus dem äußeren Grenzbereich meiner Aufmerksamkeit dann doch ein Satz in mein Bewusstsein schiebt: «Nicht dass wir es noch mit einem Fall von persönlicher Bereicherung zu tun haben.» Da explodiere ich, springe von meinem Schreibtischstuhl auf, stürze wütend ins Chefbüro, ziehe aus meiner Hosentasche einen Schein und brülle: «Hier haben Sie zehn Euro, wer legt noch einen Fünfer drauf, dann bringe ich dem Mann das Geld vorbei!»

Nun bleibt nur noch die Frage, wer die 98 Cent übernimmt, die dem Kunden darüber hinaus noch zustehen. Und bis zur Klärung dieser Frage können wir uns mit dem nächsten kniffligen «Fall» beschäftigen.

Wir erhielten ein Schreiben von einem «Geschäftspartner». Der FKK-Dezernent hatte ihn mit seinem Mitarbeiterstab vor zwei Wochen besucht. Sicher hatte man einen großen Empfang daraus gemacht und unsere Delegation mit Pomp empfangen. Vermutlich gab es auch eine Führung durch das neue Bauprojekt, ein monumentales Museum wird dort gerade errichtet. Ich vermute, man beweihräucherte sich gegenseitig und fand sich bestimmt sehr, sehr toll. Im Überschwang muss unser Dezernent und

Delegationschef leichtsinnig eine kleine Unterstützung für das phantastische Projekt zugesagt haben. Vielleicht fiel im Nebensatz dahingenuschelt auch die Zahl 7 – oder 7000. Der Empfangschef, der unseren FKKlern diesen großartigen Empfang beschert hatte, wurde möglicherweise vor Lobhudelei ein wenig schwerhörig und selektierte nur noch freudig die Worte «Beteiligung» und «Unterstützung» aus den Einlassungen unseres obersten Verlautbarers. Seit gestern liegt uns jedenfalls ein Schreiben vor: «Wir freuen uns sehr über Ihre großzügige Unterstützung und möchten unseren Gegenbesuch in 14 Tagen ankündigen. Der Vertrag für die zugesagte Spende über 700 000 Euro ist bereits ausgearbeitet und kann bei unserem nächsten Treffen unterzeichnet werden.» Natürlich möchte man uns für diese großzügige Spende auch angemessen danken. Man stellt uns auf einer riesigen Spendentafel direkt neben dem noch zu mauernden Haupteingang des Museums einen Ehrenplatz in Aussicht.

Dieses Schreiben sorgte bei uns für weitere Aufregung (und das direkt nach dem letzten Fall mit der Rückforderung von 15,98 Euro). Die hohen Herren in unserem Hause hatten nun die undankbare Aufgabe, klarzustellen, dass unser Budget weder 7000 noch 700 000 Euro für eine solche Beteiligung zuließe und dass es uns zurzeit gar nicht möglich sei, eine solche Ausgabe auch nur in Betracht zu ziehen. Bei dieser durchaus realistischen Einschätzung der Sachlage blieb es allerdings nicht lange. Nachdem zunächst etwas Scham (über die «ungedeckte» Freigiebigkeit) und Ratlosigkeit (angesichts der verzwickten Finanzlage) herrschten, fanden die Herrschaften zum Glück schnell einen Lösungsansatz: Sie nehmen das Geld nun einfach aus einem anderen Budget.

Vielleicht werden dafür einige Stellen gestrichen, oder die geplante Teppicherneuerung in unserem Haus wird um ein paar Jahre verschoben. Wir sind jedenfalls alle heilfroh, dass in diesem Zusammenhang bisher die Zahl «sieben Millionen» noch nicht gefallen ist.

In Sachen

EzVfdÄzgVfKmuoVuoFiöunuajFuusR

Z u Beginn meiner amtlichen Tätigkeit habe ich noch versucht mitzuschreiben. Dann raste mein Bleistift über die Papierpiste, bis all die schier endlos langen Worte im Nirwana versanken. Wenn mir mein Chef zum Beispiel zurief: «Bitte bringen Sie den Entwurf zur Vorvorlage zum allerersten Vorlagenentwurf für die Änderungsvorlage zur geänderten Vorlage in der Angelegenheit Antrag auf Vorlagenveränderung für das kommunale, nichtkommunale, außerkommunale, über-, unter- und nebenkommunale ...» Den Rest habe ich vergessen – auch, wie meine Erzählung an dieser Stelle weitergehen sollte.

Manche Begriffe sind so lang, dass ich den Anfang schon wieder vergessen habe, bis sie zu Ende gesprochen sind. Und auf lange Worte und sehr lange Begriffe wird im Amt viel Zeit ver(sch)wendet. Anfangs hatte ich mir fast die Finger wund geschrieben, aber es war zwecklos. Diese «Begrifflichkeiten» kamen so flüssig ausgesprochen daher, dass ich nicht mal in Kurzschrift auch nur ansatzweise mithalten konnte, vom Begreifen des Beamtenlateins ganz zu schweigen. Vermutlich ist das der große Unterschied zwischen Amtlichen und dem Rest der Welt ohne entsprechende Ausbildung.

Mir tanzen in solchen Momenten immer nur drei große Fragezeichen durch den Kopf. In meiner Not ziehe ich dann aus einem Papierstapel wahllos Zettel, die irgendwo das Wort Entwurf, Vorlage oder Vorlagenänderungsvorlagen-Antragsvorlagenformular enthalten und eile damit ins Chefbüro. Manchmal habe ich Glück, und es ist das Gesuchte. Die wahrscheinlichere Möglichkeit allerdings klingt so: «Nein, das ist nur der Antrag zum Antrag auf Vorlagenverlängerungsveränderung zum …» (weiter weiß ich nicht). «Liebe Frau Kollegin, ich brauche den Entwurf zum Antrag für die …» (ich hab's schon wieder vergessen, wie die alltäglichen Witze von Herrn Bremerkamp). So ziehe ich verunsichert von dannen und will nicht schon wieder nachfragen, um nicht als ganz doof zu gelten. Stattdessen hole ich erneut ein passend aussehendes Papier aus dem Stapel, um es zu präsentieren. Es ist ein bisschen wie Loseziehen. Und mein Chef ist wirklich sehr geduldig mit mir, er wiederholt die Bandwurm-Begrifflichkeiten immer wieder aufs Neue. Nicht, bis ich sie kapiert oder auswendig gelernt habe, das würde zu lange dauern, aber immerhin, bis ich das Passende vorlegen kann.

Die sprachlichen Codierungen machen den feinen Unterschied. Ich glaube, mit der Beamtensprache ist das wie mit dem Ärztelatein: Es teilt die Menschheit in Ärzte und Fußvolk ein. Für Ärzte habe ich wenigstens die einleuchtende Erklärung, dass sich Mediziner auf der ganzen Welt verständigen können (oder können sollten). Nicht dass der eine Doktor über den linken Arm spricht und der andere das rechte Bein eingipst, nur weil er sich keine Blöße geben will und nicht nachfragt, obwohl er nichts kapiert hat. Aber für Beamte? Die sprechen die «Amtssprache» doch trotzdem je nach Land in Deutsch, Englisch, Französisch, Sächsisch, Hessisch oder Kölsch … Mir jedenfalls kommt das alles lateinischer vor als Latein. Vor allem wenn ich daran denke, dass ich den «Entwurf zum Vorlagenentwurf für die Änderungsvorlage zur geänderten Vorlage für Kommunen mit und ohne Verwaltungsstatus und/oder Freiheitsrechten im öffentlichen und nichtöffentlichen und auf jeden Fall undurchdringlichen und sonstigen Raum» irgendwo auf meinem Computer abspeichern soll. Das sprengt jedes Programm. Wie soll ich das meinem Computer verklickern?

Ich kürze einfach ab: EzVfdÄzgVfKmuoVuoFiöunuajFuusR.

Und außerdem habe ich mir fest vorgenommen: Ich mache mir keine Gedanken mehr über meine Tätigkeiten im Amt, auch nicht über meine Untätigkeit. Vor allem nicht über Sinn und Unsinn meines amtlichen Treibens, denn ich habe gerade den Truthahn gesehen. Frau Trotann steht bekanntlich nicht nur mit dem jeweiligen Wetter, sondern auch mit unserem Kopierer auf Kriegsfuß. Diese Kollegin meckert immer. Gerade eben fühlte sie sich wohl unbeobachtet, denn sie gab dem wehrlosen Kopiergerät einen so heftigen Tritt, dass der Kopierer bebte und ihr Truthahnhals in heftige Wallung geriet. Unsere altersschwache Kopiermaschine nahm das erstaunlich gelassen hin und spuckte trotz dieser respektlosen Geste die geforderte Kopie aus. Mit noch immer wackelnden Halsfalten nahm Frau Truthahn das einzelne Blatt, mit dem sie gekommen war, vom

Vorlagenglas, schnappte sich die frisch angefertigte Kopie, lief zehn Meter weiter und steckte beide (!) Papiere in den Schredder. Die Kollegin streckte sich genüsslich, als hätte sie gerade ein großes Werk vollbracht. Wenn es möglich gewesen wäre, hätte sie wohl auch noch ihr Gefieder aufgeplustert und durchgeschüttelt. Schließlich stakste sie sichtlich zufrieden und mit leeren Händen Richtung Kaffeemaschine davon. Ihr Schritt wirkte erleichtert und beschwingt, sogar von hinten strahlte sie Befriedigung aus. Ich dagegen war ziemlich konsterniert – auch über die amtliche Gewalt – und verschanzte mich in meinem Büro. Das Erlebte musste erst einmal verdaut werden.

In diesen Momenten, wenn ich an mir und meinem Verstand zweifle und einfach nicht mehr weiß, ob ich nun total bescheuert bin, dann putze ich meine Brille. Vermutlich in der Hoffnung auf etwas mehr Durchblick. So haben meine vielen Selbstzweifel wenigstens einen Nutzen: Ich habe stets saubere Brillengläser. Das ist nicht nur meinen Abenteuern im Amt zu verdanken, sondern auch meiner Mutter. Als ich mal wieder über meine tägliche Unterforderung jammerte, schenkte sie mir ein Brillenputztuch mit dem tröstlichen Spruch: Es ist besser, Intelligenz zu haben, wenn man sie nicht braucht, als sie zu brauchen, wenn man sie nicht hat.

Aber bitte mit Brühwurst

Das Amt ist nicht bloß unser Arbeitsplatz. Wir feiern hier in «aus(sen)gelassener» Stimmung Geburtstage, Jubiläen, Hochzeiten, Scheidungen sowie Ein- und Ausstände am laufenden Band.

Der jeweils von der Feierei betroffene Flur ist leicht auszumachen: immer der Nase nach, Richtung aufgewärmter Wurst. Dieser «Geruch» vermischt sich trefflich mit den anderen amtlichen Düften – dem des Teppichs zum Beispiel, der Lüftungsschächte und der ungelüfteten, überheizten Büros.

Zur Wurst gibt es Kartoffelsalat aus einem weißen Plastikeimer vom Großhändler, gewürzt mit Geschmacksverstärkern und Konservierungsmitteln. Serviert wird die matschige Kartoffelpampe auf Papptellern, gegessen wird mit Plastikbesteck, das immer wieder gespült und mit schmuddeligen Trockentüchern abgetrocknet wird. Anschließend wird dieses Genießer-Set für die nächste Feierlichkeit in einer krümeligen Schublade aufbewahrt. Wenn man ein wenig überempfindlich ist, mag das vielleicht nicht unbedingt appetitanregend sein, aber immerhin ist diese Sparsamkeit aus umweltfreundlicher Sicht ein Segen.

Bei meiner allerersten Feierei fiel mir *alles* runter. Nicht nur die Kinnlade, sondern auch der Pappteller samt Brühwurst (die ich nicht wirklich essen wollte und stattdessen sehr lange Zeit ungelenk auf der wackeligen Pappunterlage balancierte). Die warme Wurst lag auf einem runden, mit rosa Blümchen bedruckten Karton. Aufgeplatzt und schrumpelig vom langen Aufwärmen, rollte und rutschte der Fleischmops auf meiner blumigen Unterlage so lange herum, bis ich ihm mit einem großen Klecks Kartoffelmatsch und viel Senf ein wenig Halt verschaffte.

Ich wollte wie immer höflich sein und gab mir große Mühe, mich in das gemütliche Beisammensein einzufügen. Also stach ich todesmutig in die Wurst. Schon an der Pelle aber scheiterte mein Vorhaben. Beim ersten Einstechversuch brachen der morschen Gabel mit lautem Knacks gleich zwei Zinken ab. Ich muss mich sehr doof angestellt haben, aber ich war nun mal völlig ungeübt mit Esswerkzeugen aus zerbrechlichem Plastik. Da saß ich nun an einer Schreibtischkante, eingequetscht zwischen zwei geübten Brühwurstessern, die mir kaum Platz ließen, um Messer und Gabel zu bedienen, und versuchte vergeblich, meinen ins Wanken geratenen Teller aufzuhalten. Alles rutschte vom Tisch auf meinen Schoß und tropfte von dort aus auf den Büroteppich. Kartoffelsalat und Senf platschten unaufhaltsam südwärts, die Wurst kullerte zwischen die Füße eines Mitessers, Pappteller und Brötchen machten auf meinem Schoß Station.

Schade um den Fleischmops, denken Sie? Keine Sorge, wir

sind hier auf dem Amt, da kommt nichts um: Ein hilfreicher Kollege schnappte sich die Wurst vom Boden und warf sie schwungvoll zurück auf meinen Teller, der immer noch unschuldig in meinem Schoß ruhte. Sicher erwartete man von mir, die gerettete Wurst jetzt endlich auch zu essen. Aber zu Höflichkeiten reichte meine Kraft nicht mehr, ich lutschte nur noch peinlich berührt an meinem Brötchen herum. Die Feier war für mich gelaufen. Doch damit nicht genug, ich beging gleich noch einen Riesenfehler: Gedankenlos warf ich mein lädiertes Besteck in den Mülleimer. Das aber kam beim Kollegen Wurstfänger gar nicht gut an. «Da sind doch noch zwei Zinken an der Gabel!», rief er mit beachtlicher Lautstärke.

Damit aber *immer* noch nicht genug. Ich hatte noch mehr falsch gemacht, denn ich bin eine Frau. Und im Amt gibt es Regeln. Eine lautet: Frauen stehen in dem Büro, in dem gerade gefeiert wird, grundsätzlich an der Wand entlang, aufgereiht wie die Hühner. Sie setzen eine regungslose Miene auf und reden nicht miteinander. Hier wird nicht gesprochen, nicht gescherzt und nicht gekichert, hier wird ernsthaft gefeiert! Die Damen suchen sichtlich verkrampft Halt an Wänden und Schränken und heben sich kaum von der Farbe des Mobiliars ab. Sogar ihre Garderobe scheint mit kleingemusterten Rauten und Vierecken auf schlammfarbenen Blusen perfekt auf den Teppich abgestimmt zu sein. Da fällt ein gelber Lochstrickpullover schon sehr aus dem Rahmen, was die Lochstrickträgerin zusätzlich verunsichert, denn auffallen möchte ja niemand hier (auch nicht durch zerbrochenes Essbesteck).

Es ist nicht einmal so, dass sich die Damen nicht mögen und deswegen still nebeneinanderlehnen – das hatte ich zu

Beginn meiner Amtskarriere vermutet. Nein, diese Frauen scheinen ganz zufrieden zu sein in ihrer Regungslosigkeit. Frau Rose ist wohl nicht die Ausnahme, sondern eher die amtliche Regel. Vermutlich ist das von Natur aus so. Das untermauert meine These, dass es eine andere, eine amtliche Spezies Mensch gibt. Man wird wohl für das Amt geboren – ansonsten ist man hier verloren (o mein Gott, jetzt fange ich auch noch an zu reimen).

Im Gegensatz zu den amtlichen Damen werden die Amtsmänner sehr lebendig, wenn sich der Fleischgeruch ausbreitet. Sie stürzen sich freudig erregt auf lauwarme Würste und Fleischkäse, lümmeln auf den wenigen Bürostühlen und schlingen Eimersalat und Fleischberge in sich hinein. Die Kollegen streiten sich gut gelaunt und freundschaftlich um den Senf, der nie in ausreichenden Mengen vorhanden ist, während die Kolleginnen dankend verzichten. Sie sind vermutlich auf Dauerdiät oder brauchen keine Kalorien zuzuführen, weil sie sich ohnehin kaum mehr bewegen als Wanderdünen. Vielleicht schlagen ihnen aber auch die immer wiederkehrenden Gesprächsthemen auf den Magen: Verdauung, Durchfall, Darmspiegelung.

Bei der letzten Feierei wäre ich fast an meinem Brötchen erstickt. Nicht am trockenen Teig, sondern dieses Mal vor unterdrückten Lachanfällen. Ich war inzwischen schon auf die üblichen Abläufe vorbereitet und verweigerte die Nahrungsaufnahme in Form von Wurst und Senf; stattdessen griff ich nach einem Brötchen ohne alles. Dieses fröhliche Beisammensein fand in einem Büro mit fünf Schreibtischen statt. Wie üblich standen wir Damen an den Wänden aufgereiht, während die Herren Eimersalat und (zur Abwechslung) aufgewärmten Fleischkäse in sich hineinschaufelten –

bereits die zweite Portion ohne Senf, weil der schon wieder alle war.

Das Telefon klingelte ganz hinten links an einem Schreibtisch. Niemand reagierte darauf. Die Kollegen hatten den Mund voll, und die Nichtesserinnen konnten nicht abheben, weil sie an der Wand lehnen mussten. Kurz darauf klingelte das Telefon am nächsten Schreibtisch. Aber auch dort (und anderswo) reagierte niemand, kein genervter Blick zum Apparat ob der Störung, nicht mal mit der Wimper wurde gezuckt. Es klingelte mindestens fünfzehnmal. Dann bimmelte der dritte Apparat, noch länger – wieder keine Reaktion. Das vierte Telefon schrillte, und ich spürte förmlich die Wut des Anrufers, dem aber auch beim fünften Versuch auf dem fünften Apparat keine Beachtung geschenkt wurde. Das wütende und von Telefon zu Telefon länger anhaltende Geklingel wurde komplett ignoriert, so als hätte man zur Feier des Tages einen Schalter im Innenohr umgelegt, der alle störenden Geräusche ausblendet. Vermutlich hätte ich vor unterdrücktem Lachen wirklich ersticken können an meinem Brötchen – das hätte die Fleischesser- und Wandlehnerinnen-Belegschaft sicher auch nicht vom Feiern abgehalten. Ebenso wenig wie das sechste und inzwischen nur noch zaghafte Telefonsurren aus dem Büro nebenan.

Diese Veranstaltungen dauern immer ungefähr dreißig Minuten, gerade eben, bis die männlichen Bäuche gefüllt sind. Und plötzlich ist das Vergnügen dann ohne Ankündigung sang- und klanglos vorbei (wenn man vom Klang der Telefone absieht). Es ist ein wenig mysteriös, ich verpasse irgendwie immer das Ende. Gibt es vielleicht ein geheimes Zeichen, das ich ohne amtliche Ausbildung nicht verstehe? Unvermittelt löst sich die Versammlung auf – und ich bin immer noch da. Der Raum ist – bis auf ein paar andere übrig gebliebene Frauen und viele abgegessene Teller (und natürlich die ausgequetschten Senftuben) – leer.

Während sich die Kollegen mit vollen Wurstmägen eine Verdauungspause hinter ihren Schreibtischen gönnen oder sich gestärkt an ihre Arbeit machen, räume ich mit den anderen Übriggebliebenen auf; ersticke dabei fast im Fleischdunst und spüle vorsichtig Plastikgabeln, damit ich nicht wieder etwas kaputt mache.

Manchmal ist das alles so unwirklich, dass ich mir ganz sicher bin: Mein Berufsleben hat doch etwas mit der Film- und Fernsehbranche zu tun. Dann klammere ich mich wieder an meine allerletzte Hoffnung und warte, dass sich endlich alles aufklärt. Es gab doch mal einen Film von einem Mann, der in einer riesigen Filmkulisse lebte; alle wussten es, nur er nicht: «Die Truman Show». Herr Bremerkamp mit seinen täglich aufgewärmten Witzen ist vielleicht der Regisseur, womöglich ein intellektueller Künstler. Das würde auch erklären, warum ich die meisten seiner Witze nicht verstehe.

Amtliche Emanzipation

E s ist manchmal anstrengend, mit meinem Chef zu Fuß unterwegs zu sein. Ich habe ja einen sehr lieben Chef. Sehr aufmerksam ist er auch – und sehr, sehr höflich. So höflich, dass es schon mal ein wenig umständlich mit ihm werden kann. Ich mag es wirklich, wenn mir ein Mann die Tür aufhält. Ich fühle mich in solchen Fällen beachtet und respektiert. Ich schätze es auch, wenn mir ein Mann beim Einsteigen in seinen tollen Wagen hilft, weil mein schicker neuer Rock so eng ist. Oder wenn mir ein Kavalier bei einer Reifenpanne das Rad wechselt, damit die Finger sauber bleiben (meine). Ich finde es schön, wenn mir aus dem Mantel geholfen wird – oder wieder rein. Und zwar aus einem einfachen Grund: Ein Frauenmantel ist meistens enger geschnitten als ein Herrenmantel und das Rein- und Rausschlüpfen beschwerlicher. Ich bin wirklich gerne Frau und genieße diese kleinen Vorteile – schon allein wegen der schöneren Mäntel. Aber muss das männliche Türaufhalten wirklich auch dann praktiziert werden, wenn es zu unglaublich komplizierten Bewegungsabläufen und Verrenkungen führt? Wenn mein Chef, der mir auf dem engen Flur höflicherweise den Vortritt lässt, sich seitlich an mir vorbeirecken und bis an seine Zerreißgrenze strecken muss, um überhaupt die Tür zu erreichen? Wenn ich mich dazu auch noch zur anderen Seite verbiegen muss, damit er den Türgriff zu packen kriegt? Wenn wir beide uns dabei fast das Kreuz verdrehen, nur damit er die Tür für mich aufschwingen kann, ohne mich gleichzeitig wegzuschubsen? Also wenn ich ehrlich bin, würde ich in solchen Situationen lieber selbst die Tür öffnen. Ich würde sie sogar meinem Chef aufhalten, wenn er hinter mir herkäme. Ganz emanzipiert und ohne Höflichkeitskrampf.

Es lebe die Emanzipation! Allerdings nur, wenn es ein gesundes Mittelmaß gibt. Schließlich gibt es wirklich Dinge, die Männer besser können. Darum sollten sie es auch tun dürfen. An dieser Stelle sind Ihrer Phantasie keine Grenzen gesetzt (mir fällt im Moment nicht so viel ein, ich habe wohl gerade keine kreative Phase).

Ich muss leider zugeben, dass mir eine grobe Unhöflichkeit unterlaufen ist. Meinen Kollegen, Verzeihung: meinen Koll*innen* gegenüber. Ein ungeheuerlicher Fauxpas. Auf die Nennung beider Geschlechter wird im amtlichen Schriftverkehr besonders viel Wert gelegt. Wehe man/frau vergisst oder spart die «-innen» – dann kocht hier drin aber der Kessel! Ich weiß das so genau, weil es mir passiert ist: Ich schrieb eine Mail an alle Mitarbeiter (auch: -innen) unserer Abteilung mit der Frage, wer am Betriebsausflug teilnimmt. Meine (unfreiwillig unhöfliche) Anrede in der Einladungsmail lautete: «Liebe Kollegen».

Normalerweise vergeht eine amtliche Zeit (also eine

mehr als angemessene Zeit), bis die Antworten bei mir eintrudeln. Aber meine Liebe-Kollegen-Betriebsausflugs-Mail schien offenbar alle Mitarbeiter*innen* augenblicklich aufgeschreckt zu haben. Ich erhielt sofort erboste Antworten: «Sehr geehrte Frau Chefsekretärin, Sie haben uns Kolleg*Innen* vergessen. Das *könnten* wir Ihnen übel nehmen! Jawohl. Und es *könnte* durchaus passieren, dass wir Frauen jetzt beleidigt sind und nicht am Betriebsausflug teilnehmen. Bitte formulieren Sie die Mail entsprechend um und versenden Sie diese erneut an uns alle. Und bitte denken Sie daran: Wir Kolleginnen stehen an erster Stelle! Es muss korrekt heißen: Liebe Kolleginnen und -en.»

Tja, im Seminar der Frauenbeauftragten waren dann wohl alle außer mir. Was mache ich nur? Ich bin ratlos. Die von den Mädels vorgeschlagene beziehungsweise geforderte Schreibweise erscheint mir doch ein wenig merkwürdig. «Liebe Kollegen und -innen» kann ich mir ja noch irgendwie vorstellen, schon wegen der Zeitersparnis von sechs Buchstaben, aber so andersherum sieht es sehr komisch aus.

Die neue Mail und alle «-innen» und «-ens» müssen warten. Ich muss mich zunächst grundlegend informieren. Im Duden, bei Google, bei der Geschäftsführung, beim Betriebsrat, bei der Frauenbeauftragten, im Personalbüro. Ich muss sofort eine Besprechung einberufen: Hilfe, eine Neuerung! Ich muss sofort ein Seminar besuchen: Stressssssssssss!

Amtliquitäten

Ich habe gerade einen Blick in den Bücherschrank meines Chefs geworfen. Alle Bücher sind akkurat aufgelistet und vorbildlich fortlaufend durchnummeriert. In diesem Schrank stehen wahre Schätze! Schade nur, dass mein Chef sich so schlecht von Büchern, Zeitschriften und anderen Dingen trennen kann, weil er vielleicht «doch noch mal reinschauen muss». Ansonsten würde ich den folgenden Buchtitel meiner Freundin aus dem passenden Bundesland mitbringen: «Kommentar zu Gebührenabgabenundsonstnochwasverordnung im öffentlichen Dienst für das Saarland mit Kommentar zur neuen Gebührenabgabenundsonstnochwasverordnung mit erläuternder Einführung zur Gebührenabgabenundsonstnochwasverordnung». Es handelt sich um die 2. Auflage aus dem Jahr 1976. Vielleicht hätte ich besser Archäologie studiert für diesen Job.

Stören Sie sich nicht an dem langen Buchtitel. Diese vielen Wortwiederholungen sind wichtig, denn sonst könnte in diesem Buch ja womöglich ein Kommentar zu einem ganz anderen, vielleicht weit weniger interessanten Thema stehen. Stellen Sie sich vor, Sie finden dort einen Kommentar zur Kleiderordnung bei der Fernsehpreisverleihung von 1987 oder eine erläuternde Einführung zur Treppenhaus-Affäre von Boris Becker (oder war es doch die Besenkammer?). Könnte es auch ein Bücherschrank gewesen sein?

Lieber schnell wieder zurück ins Amt. In der amtlichen Sprache sind systematische Wortwiederholungen obligatorisch. Je länger die Worte, umso öfter und lieber werden sie anscheinend wiederholt. Ich schrieb mal einen Aktenvermerk, der bestand aus drei eigentlich erstaunlich kurzen Sätzen, aber es kam siebenmal das Wort «Ichweißnichtmehrwieeshießabereswarunwahrscheinlichlangundsehrsehrwichtig» darin vor.

Der Schrank meines Chefs ist eine echte Fundgrube. Ich habe dort auch ein ziemlich neues Buch entdeckt, Inventarnummer 17, gleicher Titel – nur für das Bundesland Sachsen-Anhalt. Es handelt sich um eine Neuerscheinung aus dem Dezember 1991. Da kann ich jetzt mal mit meinem Geschichtswissen glänzen. Wissen Sie auch, warum dieses Buch praktisch noch druckfrisch ist? Da haben die aber wirklich flott gearbeitet, so schnell, wie das Werk nach der Wiedervereinigung ins Amt kam, das muss mal lobend erwähnt werden.

Wenn ich das Rätsel lösen könnte, nach welchen Kriterien die vorbildlich fortlaufenden Nummern vergeben wurden und wie die Sortierung erfolgte, dann bin ich reif für die höhere Beamtenlaufbahn. Wo verstecken sich die anderen Länder, also ich meine: die anderen Bücher für die anderen Länder? Wie viele Bundesländer haben wir eigentlich?

Jetzt reicht's aber, genug gerätselt für heute, ich gehe heim. Morgen geht's weiter.

Guten Morgen!

Ich bin wieder erwartungsfroh voller Tatendrang schon im Schrank bei den «Jahres-Büchern» angekommen. Diese Exemplare haben so klangvolle Titel wie «Seminarangebote für den öffentlichen Dienst in gehobener Ausführung für das Jahr 1984» und «Amtliche Führungsseminare 1993». Es gibt hier auch einen «Leitfaden durch das Seminarangebot 1972 für die kleine Beamtin inklusive Leitfaden durch das Seminarangebot für den klugen Beamten im höheren Dienst».

Das reicht, das Abstauben schenke ich mir. Ich werde das Sortierungsrätsel einschließlich der Bücherlisten, die an der Innenseite der Schranktür mit Tesafilm befestigt sind, nicht lösen können. Wie denn auch ohne amtliche Ausbildung? Ich werde auch nicht das Tesafilm abknibbeln. Da hängt sowieso nur diese langweilige Liste. Es besteht nicht mal die kleinste Hoffnung, dass ich noch auf ein ausgeschnittenes Foto aus der ersten Ausgabe des *Playboys* stoße. Komplett hoffnungslose Fälle hier.

Sicher ist nur: Hier drin wurde weder nach Datum, Sachgebiet noch nach Buchtiteln sortiert, auch Autoren oder Herausgeber spielten hierbei keine Rolle. Ebenso wenig gab die Größe der Bücher den Ausschlag, eine farbliche Sortierung kann ich ebenfalls ausschließen. Ich bin inzwischen sicher, es wurde überhaupt nicht sortiert – vor allem aber nicht aussortiert. Am besten, ich schließe den Schrank für immer! In der gesamten Zeit meiner Amtszugehörigkeit hat sich außer mir sowieso noch niemand für seinen Inhalt interessiert.

In den Schrankkollegen direkt daneben habe ich nur

mal kurz durch einen Schlitz in der kaputten Tür gelugt, das reichte. Dort liegen stapelweise Zeitschriften mit (un)-spannenden Titeln wie «Der öffentliche Dienst und seine öffentlichen Aufgaben im öffentlichen und nichtöffentlichen Raum» oder «Der Beamte» (damals gab es vermutlich noch keine Frauen).

Außerdem schlummern dort noch uralte Schulungsunterlagen mit Titeln wie «Die öffentliche Rede im öffentlichen Dienst im nichtöffentlichen Schrank ...». Mehr will ich gar nicht wissen. Das Zeug sieht aus, als würde es sofort zu Staub zerfallen, wenn es mit Sauerstoff in Berührung käme. Gab es da nicht mal einen Kinofilm mit dem Titel «Die Mumie» oder so ähnlich? War das nicht ein Wesen, das wütend wurde und auf die Leute losging, weil man seine Ruhe störte? Ich habe nur die Ankündigung zum Film gesehen, aber ich glaube, die Geschichte beruhte auf einer wahren Begebenheit. Ach, hätte ich doch nur Archäologie studiert – oder wäre wenigstens häufiger ins Kino gegangen.

Bin ich krank?

Vielleicht habe ich es schon mal erwähnt: Niemals bringe ich eine Sache ungestört zu Ende. Ständig werde ich entweder von meinem Chef angesprochen, es platzt jemand zur Tür rein, oder das Telefon klingelt – oft auch alles gleichzeitig. Ich habe hier noch nie eine Stulle ohne mindestens zwanzig bis achtundvierzig Unterbrechungen essen können. Wie können andere denn da den berühmten Büroschlaf halten?

Es gibt Kollegen, die haben auch noch Zeit, mir unglaublich ausführliche Mails zu schreiben. Seit ich für die amtliche Zeiterfassung verantwortlich bin, werden mir alle Urlaubsfälle und Krankheitstage gemeldet. Ich mache dann bei Bedarf im System ein Kreuzchen bei «Krank» oder «Urlaub». Dazu muss ich nur wissen, wer wann krank ist oder Urlaub hat, sich in Kur befindet oder auf Dienstreise unterwegs ist (dafür gibt es ein Extrakreuzchen). Mehr Infos brauche ich nicht, um diesen Job ordnungsgemäß auszuführen. Aber Ute

Brunner, die Kollegin mit dem gelben Lochstrickpullover, nimmt alles sehr genau. Sie macht keine halben Sachen, und kurze schon gar nicht. Aus einer normalen Krankmeldung kann sie einen vormittagfüllenden Mailverkehr gestalten:

«Guten Morgen, Frau Chefsekretärin,
die zweite Frau des Kollegen Schmitt (er ist geschieden und hat wieder geheiratet) teilte meiner Praktikantin, Fräulein Jungfer, heute Morgen telefonisch mit, dass Herr Schmitt seit gestern Nachmittag erkrankt ist und voraussichtlich auch morgen noch zu Hause bleiben wird, um sich zu schonen. Ihm ging es heute Morgen so schlecht, dass er nicht telefonieren konnte, gab die zweite Frau von Herrn Schmitt an. Die Praktikantin Jungfer berichtete mir weiterhin, dass sich Herr Schmitt aber im Laufe des heutigen Tages noch mal melden wird, wenn es ihm etwas besser geht. Er will uns dann Bescheid geben, wann er voraussichtlich wieder zum Dienst erscheinen kann. Ich werde Sie weiter per Mail informieren, sobald mir neue Informationen vorliegen. Herr Schmitt hat Durchfall. Können Sie das bitte in der Zeiterfassung vermerken?»

Hilfe! Wo soll ich denn «Durchfall» ankreuzen? Das ist nicht vorgesehen. Bestimmt ein Fehler im System. Vielleicht sollte ich dieses Problem mit dem Oberzeiterfassungsbeauftragen erörtern. Wir könnten eine Krankheiten-Ankreuz-Auswahlliste erarbeiten, mit folgenden Gründen für Fehltage: A wie Augenweh, B wie Bauchschmerzen, C wie Cellulitis, D für Dunkelheit und natürlich Durchfall, E wie Eselsohren, F für Fernweh ... Unverfrorenheit, Vergesslichkeit, Willenlosigkeit ... Z für ... Ja, verdammt, bin ich denn Zeitbeauftragte mit

Verbesserungsbeauftragung oder was? Soll sich doch der oder die zuständige Formularentwerferin Gedanken über diese Liste machen, das ist schließlich nicht mein Job, dafür werde ich nicht bezahlt. Außerdem muss ich mich schon mit der nächsten Abwesenheitsmeldung beschäftigen, die gerade aus einer anderen Abteilung reinkommt:

«Sehr geehrte Frau Chefsekretärin,
meine Mitarbeiterin Frau Schlummermaier hat mir soeben telefonisch mitgeteilt, dass sie letzte Nacht leider sehr schlecht geschlafen hat. Es ist Vollmond, da kann Frau Schlummermaier meistens nicht gut schlafen. Sie fühlt sich nun wie gerädert und benötigt für heute einen Tag Urlaub. Den Antrag wird sie morgen nachreichen, wenn sie ausgeschlafen hat.»

Und schon am nächsten Morgen liegt die nächste Krankmeldung im Mailpostfach. Sie sehen, hier ist echt was los, es reißt nicht ab. Eine neue Meldung, schon wieder von Ute Brunner:

«Sehr geehrte Frau Chefsekretärin,
meine Praktikantin Frau Jungfer meldete sich schon ganz früh heute Morgen per Mail bei mir krank. Sie hat sich einen Nerv in der Schulter eingeklemmt und muss sofort zum Arzt.»

Jetzt will ich es aber ganz genau wissen, aus lauter Aufmüpfigkeit und Übermut frage ich sarkastisch bei Frau Brunner nach, ob es sich womöglich um einen Arbeitsunfall handele, denn das letzte Mal war die Praktikantin vier Wochen arbeitsunfähig, weil sie sich einen Finger im Aktenschrank geklemmt hatte. Und tatsächlich bekomme ich eine ernsthafte Antwort zurück:

«Liebe Frau Chefsekretärin,

ich gehe davon aus, dass es kein Arbeitsunfall ist, da aus der ursprünglichen Meldung der Kranken etwas Derartiges nicht zu erkennen ist und diese sich auch noch nicht auf dem Weg zur Arbeit befunden hat. Der Sachverhalt wird aber sofort geklärt, sobald es gelungen ist, mit der Praktikantin Kontakt aufzunehmen, um den Sachverhalt ausführlich ...»

Na, auf diese Erklärung bin ich aber gespannt, vermutlich hatte sich Fräulein Jungfer verrenkt, als sie in ihren BH steigen wollte.

Kkkkkrrrrrrrrrraaaaaaaaaaaaannnnnnnkkkkkkkkk, ich muss mich jetzt auch erst mal krankmelden. «Kopf hoch», rede ich

mir selbst gut zu. *Ich* darf gar nicht krank sein! Wer soll denn sonst die nächste Krankmeldung entgegennehmen, die tatsächlich nicht lange auf sich warten lässt: «Frau Schmerz hat sich für heute krankgemeldet. Sie liegt mit Migräne im Bett.» Da hätte sie auch mal mit jemand Netterem im Bett liegen können, aber das kann man sich leider nicht immer aussuchen.

Es erstaunt mich immer wieder, wie wenig Rücksicht auf die Intimsphäre der Kollegen genommen wird. Schonungslos wird über privateste Angelegenheiten spekuliert – besonders über die der anderen. Gerne auch darüber, wer mit wem im Bett liegt. Aber wehe, jemand verrät das Geburtsdatum ... ich meine, das Geburts*jahr* einer Kollegin ... Noch mehr Wehe droht, wenn man einen Geburtstag vergisst und nicht ausführlich gratuliert. Das ist so ziemlich der gröbste Amtsfehler, den man begehen kann. Geburtstage, Jubiläen und alle anderen Gratulationsanlässe werden sehr ernst genommen und sind offenbar wichtiger als alle dringlichen Geschäftstermine.

Es gibt nur noch einen schlimmeren Verstoß gegen die Amtsetikette: Niemals, wirklich niemals sollte man sich über Fehler im Amt lustig machen. Ein solcher Fauxpas ist mir passiert. Ich erzählte Kollegen von einer Peinlichkeit ganz zu Beginn meiner «Amtszeit», als ich einen der hohen Herren herzlich begrüßte. Leider aber mit dem Namen seines politischen Widersachers. Und zwar gleich mehrere Male, weil der hohe Herr mein Versehen nicht aufklärte. Darüber kann hier niemand lachen. Stattdessen herrscht betretenes Schweigen. Auf dem Amt werden keine Fehler gemacht. Und über etwas, das nicht existiert, kann natürlich auch nicht gelacht werden.

Dafür bewundere ich meinen ehemaligen Arbeitgeber (den insolventen Porschefahrer). Von ihm habe ich viel gelernt. Wenn etwas schieflief, wurde er nie böse oder anklagend. Es spielte überhaupt keine Rolle, wer etwas verpatzt hatte, er reagierte sofort: Was genau ist passiert? Was ist die Folge? Was können wir tun, um den Schaden zu begrenzen, oder wie können wir den Fehler beheben? Hinterher konnten wir gemeinsam herzhaft darüber lachen, wenn es besonders schön peinlich gewesen war.

Zum Glück ist auch mein lieber Amtschef in dieser Hinsicht cool. Es wird zwar ausführlich nachgeforscht, warum, wieso, weshalb und wer etwas verbrochen hat, und sofort müssen groß angelegte Maßnahmen ergriffen werden, damit nie wieder Fehler gemacht werden können – aber er wird nicht böse. Er kann sogar meistens seine eigenen Fehler zugeben. Das zeugt von menschlicher Größe, finde ich. Und mein lieber Chef hat auch Humor. Manchmal denke ich, wir sind die einzigen beiden Menschen im Amt, die ab und zu mal lachen können, sogar über uns selbst.

Als ich neulich einen Termin meines Chefs absagen musste, weil er kurzfristig verhindert war, habe ich die folgende Mail an alle Teilnehmer verschickt: «Herr Chef kann leider nicht an der Konferenz teilnehmen, da er kurzfristig behindert ist.»

Mein lieber Chef und ich fanden in dieser Mail die Erklärung dafür, warum er an diesem Vormittag immer wieder gefragt wurde, wie es ihm ginge und ob alles in Ordnung sei mit ihm.

Chef-Diktat

I ch habe alle Chefrechte! Leider nur auf dem Computer, nicht auf der Gehaltsabrechnung. Mein Chef und ich, wir greifen auf die gleichen Daten zu. Das hat, abgesehen vom Verdienst, einen weiteren fatalen Nachteil: Wenn einer von uns beiden an einer Datei arbeitet, kann der andere nicht darauf zugreifen. Jetzt ist es so, dass mein lieber Chef gerne mal Dateien öffnet, diese dann zu schließen vergisst und in eine wichtige Konferenz, oder wohin auch immer, verschwindet. Er ist jedenfalls unauffindbar – und ich kann deswegen nicht arbeiten.

Gerade besucht mein Chef im vierten Stock den dicken Herrn Schmitt, der Probleme mit seinem Bürostuhl hat. Das kann dauern, schon allein wegen der Warterei auf den Fahrstuhl. Und wie ich hier so tatenlos herumsitze, muss ich an eine Geschichte denken, die irgendwie ins Amt passt, obwohl sie da draußen in der Welt passierte. Ich weiß auch nicht, wieso sie mir ausgerechnet jetzt einfällt (vielleicht wegen meines Chefs, der immer noch nicht wiederaufgetaucht ist?).

Eines Tages rief meine Freundin Judith an und bat mich verzweifelt um Hilfe. Judith führt ihr eigenes kleines Unternehmen mit sieben Mitarbeitern. Das heißt, als sie anrief, waren es nur noch sechs, denn der gelernte Buchhalter mit Diplom (und mit entsprechendem Gehalt) war von heute auf morgen verschwunden. Er ging eines Tages pünktlich nach Hause und ward nie wieder gesehen. Der Verschwundene hatte seine Wohnung gekündigt und in aller Stille verlassen. Alles Suchen blieb erfolglos. Judith musste ihren entlaufenen Mitarbeiter notgedrungen abschreiben, und da ich mich ein bisschen mit der Buchhaltung auskenne, half ich natürlich aus. Wir fanden ein mächtiges Chaos vor.

Meine Freundin handelt mit kleinen Elektronikteilen, die meistens nur ein paar Euro kosten; dafür sind es aber unglaublich viele Posten, die aufgelistet werden müssen. Wir entdeckten, dass viele Belege falsch verbucht waren. Mehr noch: Das Mahnwesen lag offenbar schon sehr lange brach. Es gab eine Menge Außenstände, die schon längst überfällig waren. Zudem hatten sich schon bedenklich wackelnde Stapeltürme aus Belegen angesammelt, die noch registriert werden mussten. Ein Albtraum. Wir fackelten nicht lange und arbeiteten zwei komplette Wochenenden durch. Als endlich alle Rechnungen gebucht und wir wieder auf dem Laufenden waren, wollte ich den Arbeitsplatz noch schnell für den neuen Buchhalter reinigen, nach dem Judith bereits dringend suchte. Ich öffnete die erste Schublade des mächtigen Designerschreibtisches und schrie im nächsten Moment hysterisch auf: «Juuuuuudiiiiiihiiiith!!!»

Hier tat sich der Abgrund auf, und zwar Schublade für Schublade. Hier lagen auch die Erklärungen, warum Umsatz und Gewinn in den letzten Monaten deutlich zurückgegangen waren. Das hier erklärte auf den ersten Blick das Verschwinden des diplomierten Buchhalters. Nein, er selbst lag nicht zerstückelt darin, ich schreibe keine Krimis. Das Leben ist schon hart genug, finde ich, da muss ich mir nicht auch noch Grauenvolles ausdenken. Nein, die riesigen Schubladen des großen Diplombuchhalterschreibtisches quollen über mit nicht bearbeiteten Belegen, Quittungen und Rechnungen. Der ausgebildete Buchhalter mit Diplom und entsprechendem Gehalt hatte offensichtlich schon länger keine Lust mehr auf den Kleinkram. Er hatte über viele Monate nur noch gerade so die Hälfte der Rechnungen gebucht, die restlichen Belege hatte er einfach in die Schubladen seines Schreibtisches gestopft. Als alle Schubladen bis zum Anschlag gefüllt waren und er seine Untaten nicht mehr länger verstecken konnte, sah er seinen Job wohl als abgeschlossen an und verabschiedete sich auf «Französisch».

Ich hoffe doch sehr, dass *mein* Chef nicht verschwunden bleibt. Er sollte jetzt aber wirklich bald mal wiederkommen von seinem Besuch beim problembeladenen Herrn Schmitt, damit ich an die Daten rankomme. Ich will endlich das Protokoll der letzten Sitzung beenden. Das Diktiergerät mit der vollgesprochenen Kassette hatte er mir noch schnell im Rausgehen übergeben, was wenig nutzt, solange die Datei durch seinen Zugriff gesperrt ist.

Was soll ich machen? Ich könnte mir das Diktat immer wieder anhören und auswendig lernen, aber dazu habe ich keine rechte Lust. Am besten nutze ich die Zeit und erkläre Ihnen, wie das so läuft mit den Diktaten.

Mindestens einmal pro Woche darf ich nach Band schreiben. Mein Chef benutzt bei wichtigen Besprechungen gerne sein Diktiergerät. Jeden Dienstag – den ich inzwischen Diktattag nenne – findet eine Besprechung mit den Referenten und Dezernenten unserer Abteilung statt. Es sind also immer dieselben Personen, die sich zunächst in meinem Büro versammeln und dort herumstehen, bis mein lieber Chef Zeit für sie hat. Wenn sie dann endlich ins heilige Reich eintreten dürfen, dann ziehen sie, wie an einer Perlenschnur aufgereiht, durch mein Büro an meinem Schreibtisch vorbei ins Chefbüro, gleich Frischlingen, die hinter der Mutter hertippeln.

Insgesamt sind es sieben Personen, die am runden Besprechungstisch Platz nehmen und ungefähr drei Meter von meinem Schreibtisch entfernt sitzen, bei geöffneter Tür. Ich könnte also während der Konferenz eigentlich gleich mitschreiben, weil ich mich sowieso auf nichts anderes konzentrieren kann bei den ausführlichen (und lauten) Diskussionen direkt nebenan. Aber ich möchte meinem Chef den Spaß nicht verderben. Ich glaube, er diktiert gerne, das gibt der Gesprächsrunde so einen wichtigen Anstrich.

Nach der Besprechung erhalte ich das Band zum Tippen. Und jede Woche, wirklich an jedem Diktattag, beginnt die Ansage mit genau den gleichen Worten: Es waren anwesend: Frau Dreier aus Abteilung Drei, Herr Zweier aus Abteilung Zwei, Herr Vierer aus Abteilung Vier, Herr Fünfer ... Vielleicht diktiert mir das mein lieber Chef immer wieder neu, wegen der komischen Reihenfolge, denn Frau Dreier wird vor Herrn Zweier genannt – vermutlich wegen der Emanzipation. Frau Dreier ist eine dieser Kolleginnen, die großen Wert darauf legen, als Dame zuerst genannt zu werden, weil sie eine emanzipierte Frau ist. (Fragen Sie mich nicht, ich habe keine Ahnung, was das mit Emanzipation zu tun haben soll.)

Wenn endlich alle Personen anwesend sind, also in dieser

merkwürdigen Reihenfolge durchgezählt und auf Band verewigt wurden, dann folgt der Einleitungssatz, der ebenfalls haargenau jedes Mal gleich ausfällt. Vermutlich zweifelt mein Chef an meinem Kurzzeitgedächtnis, sicher denkt er, dass ich mir dieses Procedere nicht merken kann, weil ich keine amtliche Ausbildung habe. Wenn der wüsste, dass ich diesen Einleitungssatz schon lange nicht mehr tippe, weil ich ihn abgespeichert habe und nur noch mit einem Tastendruck aufrufe. Ja, so was lernt man nicht im Amt.

Zurück zum Protokoll. Nach der Einleitung werden die besprochenen Themen akribisch aufgeführt, nachdem sie ausführlich besprochen wurden. Wenn nötig, werden die Hinter-, Vorder- und Nebengründe natürlich auch protokolliert und somit für die Ewigkeit festgehalten:

`Tagesordnungspunkt römisch I`
Einführung eines neuen Stempels für Abteilung römisch II.

Der Datumsstempel in Abteilung römisch II ist abgelaufen. Die Einstellmöglichkeit der entsprechenden Jahreszahl endete bereits vorletztes Jahr und wurde bisher handschriftlich geändert und somit auf den neuesten Stand gebracht. Der Kollege Meier-Huber, der bisher für die handschriftliche Aktualisierung des jeweiligen Stempelabdrucks zuständig war, wird zum Monatsende in den Ruhestand gehen. Dies würde somit zu einem unzumutbaren vermehrten Arbeitsaufwand für die verbleibenden Kollegen führen. Zur Vermeidung eines noch höheren Überstundenaufkommens wird ein aktueller Datumsstempel angeschafft. Wer für die Anschaffung zuständig ist, muss in der nächsten Sitzung geklärt werden.

Tagesordnungspunkt römisch II
Einführung eines neuen Stempels für Abteilung römisch III.

Bisher teilten sich die Kollegen Müller und Hinterberg einen Datumsstempel (Laufzeit bis 2047), was immer wieder zu Streitigkeiten führte. Um weitere Auseinandersetzungen zu vermeiden, wird die Anschaffung eines zusätzlichen Stempels für Abteilung römisch III in Erwägung gezogen. Die Runde konnte sich aber noch nicht endgültig einigen und beschließt einstimmig, diese Angelegenheit in der nächsten Woche nochmals zu erörtern. Liebe Frau, äh, Frau Kollegin, das Folgende bitte nicht tippen: Schreiben Sie eine Notiz hierzu, auch zur Stempelangelegenheit für römisch II, und legen Sie diese auf Wiedervorlage für die nächste Besprechung am nächsten Dienstag.

Tagesordnungspunkte römisch III, IV und V
Einführung eines neuen Stempels für die Abteilungen römisch IV bis VI ...

Tagesordnungspunkt römisch VI
Bestellung von Bleistiften für alle Abteilungen (römisch I bis römisch VI), damit die vor fünfzehn Jahren in viel zu großen Mengen bestellten Radiergummis aufgebraucht werden können. Es ist noch zu klären, ob Bleistiftgeschriebenes mit der amtlichen Schreibweise zu vereinbaren ist. Hierzu werden alle Sitzungsteilnehmer Erkundigungen einziehen und die Ergebnisse ihrer Recherchen in der Konferenz nächste Woche vortragen. Das Folgende bitte nicht tippen: Liebe, äh, liebe Frau Kollegin, bitte überprüfen Sie die Bleistifte auf ihre Dokumententauglichkeit.

Tagesordnungspunkt römisch VII
Bestellung von Textmarkern, um wichtige Textstellen besser markieren zu können.

Tagesordnungspunkt römisch VIII
Anschaffung eines neuen Bürostuhls ...

Und das alles sind noch die spannenden Themen, besonders die Stuhlanschaffung. Als der alte, klapprige Stuhl zusammenbrach, während der dicke Kollege Schmitt draufsaß, gab es nicht nur einen dumpfen Schlag, sondern auch ein großes Hallo bei den Kollegen. Dieses Missgeschick war das Thema des Tages, ach was: der ganzen Woche. Es wurde ausführlich in der wöchentlichen Konferenz besprochen. Und wenn ich könnte, wenn ich nun auf die entsprechende Datei Zugriff hätte, dann dürfte ich jetzt ein spektakuläres Diktat mit Stuhlbruch tippen.

Öffentlicher Dienst

Es hat eine Weile gedauert, bis ich es erkannt habe: Die amtliche Langsamkeit hat auch ihre Vorteile. Ich bin da klar im Nachteil, wenn es heißt: «Haben Sie in den letzten sechs Monaten die Akte Maier, Müller oder Huber gesehen?» Ich kann dann nicht aus dem Stegreif antworten, so wie meine Kollegen: «Doch, warten Sie mal, ich glaube, es muss so zwischen dem 25. und 30. vor drei Monaten gewesen sein, ach nee, vor vier Monaten ungefähr, es kann auch schon länger her sein, denn danach war ich im Urlaub. Ich habe die Akte weitergegeben an irgendwen. Warten Sie mal – wann war denn die Kollegin im Erziehungsurlaub, der Kollege in Kur, und wann ist der Chef dieses Jahr in Urlaub gegangen?» (Diese Überlegungen lassen sich beliebig in die Länge ziehen, und die Wörter «Kur», «krank», «frei» und «Urlaub» fallen erstaunlich oft.)

Kein Wunder, dass die Kollegen so spontan aus der Hüfte antworten können. Vermutlich haben sie die Akte bereits vor zwölf Monaten (oder vielleicht auch Jahren) bekommen, sie dann ebenso lange jeden Tag mehrmals in die Hand genommen, betrachtet und einem anderen Stapel auf ihrem Schreibtisch zugeordnet. Das ist sehr einprägsam. So entstehen diese Bilder, die sich unauslöschlich ins Hirn einbrennen, von Akten mit Flecken und Eselsohren an bestimmten Stellen. So entstehen vermutlich überhaupt erst die Flecken und Knicke.

Aus der freien Wirtschaft bin ich es gewöhnt, meine Karteileichen (ich habe nur wenige, ehrlich) ordentlich in der Schublade versteckt zu halten. Geben Sie es ruhig zu: Jeder, wirklich jeder hat irgendwo ein paar Karteileichen versteckt. Ein langweiliger Artikel, der gelesen werden will, wartet geduldig in der Dunkelheit der untersten Schublade, bis der Inhalt überholt ist. Eine unwichtige Anfrage, die sich von allein «beantwortet», wenn man nur lange genug nicht darauf reagiert. Eine Nachfrage, die gar nicht beantwortet werden möchte, und so weiter. Ich bin sicher, das kennt jeder, nur die Masse und deren Lagerung macht den Unterschied.

Ich sollte vermehrt anfangen, amtliche Stapel zu bilden. Vielleicht werden die Gehälter ja den Stapelhöhen angepasst und aus diesem Grund so gehegt und gepflegt – die Stapel (leider nicht die Gehälter).

Im öffentlichen Dienst jedenfalls wird offensichtlich gnadenlos *nichts* versteckt. Ob die Stapelbildung die eigentliche Arbeit darstellt? Hier gibt es massenweise Karteileichen, die stolz und vor allem *öffentlich* zur Schau getragen werden. Ach, jetzt genau in diesem Moment beim Schreiben fällt es mir wie Schuppen von den Augen: Daher kommt vermutlich die Bezeichnung «öffentlicher Dienst»!

Und weil alles so öffentlich ist, werden auch die Computerdaten gerne geprüft. Die Angst vor diesen Prüfungen ist groß. Aber noch größer ist die Angst, etwas zu löschen, das noch nicht mehrmals geprüft wurde. Nichts wird vernichtet, nichts überschrieben oder verändert, damit alles jederzeit lückenlos dokumentiert werden kann. Der digitale Müll benötigt mit großer Wahrscheinlichkeit mehr Platz als die relevanten Daten. Nichts darf entsorgt werden. Und vor lauter Müll sieht man die Daten nicht.

Bei der letzten Prüfung konnten wir zumindest dokumentieren, wie oft ein und derselbe Brief vor neunzehn Jahren getippt wurde – und wie viele verschiedene Tipper(innen) am Werk waren. Zwei von ihnen sind schon seit über einem Jahrzehnt im Ruhestand. Das hielt den Prüfer aber nicht davon ab, den Sachverhalt weiter genauestens zu prüfen. Wir fanden von diesem einen Schreiben zwölf Versionen.

Fünfmal wurde der Brief wegen Tippfehlern neu geschrieben. Man war sich zu diesem Zeitpunkt offensichtlich noch nicht einig, ob man ans Ende «Hochachtungsvoll» setzen sollte oder «Mit freundlichen Grüßen», es gab beide Varianten mit den gleichen Tippfehlern. Vermutlich entstanden nach endgültiger Fertigstellung erneut Diskussionen über den Inhalt, sodass der Brief in der sechsten Version noch einmal leicht verändert worden war. Statt «anbei erhalten Sie …» hieß es nun «in der Anlage erhalten Sie …». Mir stellen sich bei dieser Formulierung immer wieder dieselben Fragen: In welcher Anlage? Parkanlage? Tennisanlage? Autowaschanlage? Wo findet die Übergabe statt?

Die Versionen sieben bis neun zeigten weitere Abweichungen: einmal mit Tippfehlern, einmal mit einem fehlenden Komma und einmal ohne Fehler, dafür aber nicht vollständig, das Schreiben endete mitten im Satz. Mit großer Wahrscheinlichkeit änderten sich während der Briefarbeiten dann auch noch die Zuständigkeiten. Denn das gleiche Schreiben, dieses Mal vollendet, lag vor, mit einer anderen Unterschrift, und zwar wiederum in zwei Varianten (bei einer war der Name des Unterzeichners falsch geschrieben, bei einer richtig). Eine weitere Version gab es noch mit geänderter Postleitzahl im Empfängerfeld und einer zusätzlich eingefügten Zeilenschaltung. Wir haben ausführlich recherchiert, der Prüfer und ich. In diese Zeit fiel die Umstellung der Postleitzahlen von vier auf fünf Stellen. Das ist zumindest eine einleuchtende Erklärung für zwei der vorhandenen Schreiben.

Welcher Brief davon tatsächlich verschickt wurde, ließ sich nicht mehr feststellen. Auch nicht, ob eines dieser Schreiben überhaupt jemals dieses Amt verlassen hat. Niemand kennt sich aus mit diesen digitalen Müllbergen. Und dieser ganze Quatsch ist vermutlich nicht mal biologisch abbaubar.

Cha-Cha-Cha

Ich gehe nicht zur Betriebsversammlung. Das hat einen einfachen Grund: Ich verpasse nichts, wenn ich nicht dort bin. Na ja, ganz so ist es nicht. Schließlich könnte ich bei dieser Zusammenkunft zwei Stunden rumsitzen und meditieren, ohne gestört zu werden – bei vollem Lohn. Nein, ich hatte mir sogar ganz ernsthaft vorgenommen, diese Versammlung zu besuchen, aber ich hatte heute Morgen keine Lust aufzustehen. Mein Amtstag gestern war einfach zu anstrengend. Ich brauchte dringend Erholung von diesem merkwürdigen Tag.

Als heute der Wecker klingelte, dachte ich nur: «Gleitzeit!», drehte mich genüsslich auf die andere Seite und döste noch ein Weilchen vor mich hin. Gemütlich (und auch etwas unwillig, ich gebe es zu) schlenderte ich erst kurz vor neun ins Büro.

Es fühlt sich ja sowieso schon ein wenig anders an, wenn der Tag ausnahmsweise ohne Hetze beginnt statt wie sonst immer schon um kurz nach sieben (nur um möglichst früh wieder wegrennen zu dürfen). Aber das heute war doch fast ein wenig zu viel Variation für meinen Geschmack.

Bei meiner Ankunft erwartete ich, wie immer zuerst Herrn Bremerkamp zu treffen, und lief schon voll «Vorfreude» auf einen seiner Witze über den Gang. Ich hatte mir auch schon eine unverfängliche Frage für die perfekte Hausfrau ausgedacht, die ich am Kaffeeautomaten vermutete, und ich war überzeugt, dass meine engsten Kollegen schon ganz fleißig hinter ihren Schreibtischen sitzen und Zeitung lesen würden, wie jeden Morgen um diese Zeit. Aber ich traf keine Menschenseele auf dem Weg in mein Büro. Niemand war unterwegs. Heute war einfach alles *besonders* anders. Ich wurde nicht sofort von meinem Chef angequatscht, was mich zusätzlich irritierte. (Entschuldigung, ich bin jetzt schon eine Weile im Amt, und da hat man halt so seine Gewohnheiten.) Weit und breit keine Spur von ihm. Jetzt machte ich mir aber langsam Sorgen! Wo waren die denn alle? Im Büro meines Chefs strahlte die Deckenbeleuchtung mit voller Kraft, auch sein Computer flackerte geschäftig. Ich schaute ins anliegende Büro. Leer. Noch ein Zimmer weiter, auch menschenleer. War Feiertag? Hatte ich Weihnachten oder Ostern verpasst? Oder gar einen Feueralarm? Eine Bombendrohung? Das wäre ja ein Ding, endlich mal ein aufregendes Spektakel hier drin – und ich verpenne es.

Aber da, im überüberübernächsten Zimmer, da war jemand zu Hause. Frau Kleingeist saß an ihrem Schreibtisch und blätterte in aller Seelenruhe in einem überhaupt nicht amtlich aussehenden Buch. Sie knabberte trockene Kekse zum Kaffee. Die Kollegin hatte es sich so richtig gemütlich gemacht. Ausgerechnet. Der einzige Mensch, der außer mir im Haus zu sein schien, war diese Frau Kleingeist. Wir können uns nicht ausstehen, sind aber immer sehr höflich miteinander. Ich wünschte also brav einen guten Morgen, als gäbe es nichts Besonderes, und fragte möglichst beiläufig, ob denn alle ausgeflogen seien. Bevor die Kleingeistige antwortete, biss sie demonstrativ erst noch mal in ihren Keks, kkkkkkrrrrrck, kkrrrk, ggggrrrk, dann spülte sie genüsslich mit Kaffee nach und sagte krümel- und kaffeeversprühend: «Die Kollegen sind schon los.» Was hatte das zu bedeuten: *Die Kollegen sind los?* Noch während ich überlegte, wie ich meine nächste Frage formulieren könnte, ohne meine Unwissenheit preiszugeben, spuckte die Kleingeistige weiter ihre Krümel: «Die sind alle geschlossen zur Betriebsversammlung.»

Mist, ich hatte doch tatsächlich das jährliche Highlight im Amt vergessen. Für viele Kollegen ist die Betriebsversammlung die einzige Abwechslung im Amtsjahr, ein richtiges Erlebnis. Mindestens so spannend wie *mein* Tag gestern.

Ich ließ mir natürlich nicht anmerken, dass ich dieses jährliche Großereignis unabsichtlich verpasst hatte. Diese (Schaden-)Freude gönnte ich der Kleingeistigen nicht. Ich tat so, als wäre ich nur erstaunt, dass so viele Kollegen zur Versammlung gegangen waren. «Ja klar, ich wusste nur nicht, dass alle dorthin wollten. Was ist denn mit Ihnen? Keine Lust?» Darauf antwortete mir diese völlig humorfreie Frau, die jeden Tag die Tageszeitung sehr ausführlich liest – besonders den Klatschteil –, diese Frau also antwortet ernsthaft ohne jede Spur von Selbstironie: «Keine Zeit, ich habe so viel zu tun.»

Ich beschloss, mich nicht weiter darüber zu ärgern, dass ich das jährliche Großereignis verpasste, und nahm mir vor, stattdessen lieber die ungewohnte Ruhe zu genießen. Endlich mal ungestört arbeiten. Ich öffnete meinen Mailverkehr und stolperte über meine Mails von gestern. Hier wurde das ganze Ausmaß des vorigen Tages sichtbar, in den verzweifelten Botschaften, die ich meiner Freundin geschrieben hatte:

09:27 Uhr – Is there anybody out there?
Liebe Freundin, ich helfe gerade in einem anderen Büro aus und sortiere Zettel nach Farben, Größe oder was-weiß-ich-wonach. Bitte gib mir ein Zeichen, dass ich nicht alleine bin. Bitte mail mir ganz schnell, dass es irgendwo da draußen noch eine andere Welt gibt. Ich bin so alleine hier, oder schlimmer noch: Ich bin *nicht* alleine hier in diesem Raum. Alles ist fremd, fremdartig, fremdländisch, «spanisch», «böhmisch» ...

09:38 Uhr – O mein Gott
Der Mann hier in diesem Büro redet ununterbrochen mit sich selbst.

10:42 Uhr – Ppppffffff
Da kommen nicht nur Sätze wie: «Eii, da mach ich mir e Fodokoppii», wenn er den Raum verlässt. Wenn der Kollege zum Hörer greift, brabbelt er so was wie: «Eijo, da ruf isch den ema o», und im Anschluss, wenn er den Hörer auflegt: «Keiner do» oder «So, so, sodele» und auch «Tja, tja, tja» ... Vielleicht ist er ein ganz besonders kreativer Kopf und dichtet? Beschäftigt sich mit Lyrik und reimt so den ganzen lieben langen Tag vor sich hin?

11:11 Uhr – Sprüche des Tages
An der Pinnwand meines aktuellen Bürogefährten hängen

neben dem vergilbten Speiseplan vom letzten Jahr zwei tolle Sprüche: «Wenn du denkst, du schaffst es nicht, dann versuch's auch nicht.» Ist nicht zu steigern? Dann warte auf den zweiten: «Und die Moral von der Geschicht: Was du nicht schaffst, das schaffe nicht.»

11:13 Uhr – Aufforderung zum Tanz?

Gerade eben kam völlig unmotiviert aus dem Kollegenmund vom Schreibtisch gegenüber: «Cha, Cha, Cha!» Da musste ich mich ganz schnell auf die Toilette verabschieden, bevor er mich noch zum Tanz aufforderte.

Dort auf der Toilette erwischte mich übrigens die energische Frau Brömmel beim Ablachen. Sie wollte natürlich wissen, was so lustig sei. Ich bin ja eine nette Kollegin, nannte keinen Namen und sagte nur: «Ich wurde gerade Zeugin eines sehr ausgefallenen Selbstgesprächs eines Kollegen.» Daraufhin schaute mich meine Toiletten-Gesellschafterin erstaunt an. Sie verstand meine Erheiterung gar nicht und meinte kein bisschen ironisch: «Ach, Selbstgespräche führen die meisten, das ist doch völlig normal.»

11:27 Uhr – Geliebte Gilmore Girls (GGG)

Liebe Freundin, ich könnte meine Zeit so viel sinnvoller nutzen, zu Hause läuft jetzt «Unsere kleine Farm» auf kabel eins. Schlimmer noch, ich verpasse eine Folge von «Gilmore Girls». Ich habe zwar alle schon mindestens dreimal gesehen, aber ich bekomme nie genug davon, weil sie so schön sind. Zum Glück besitze ich sämtliche DVDs. Wenn ich hier heute jemals heile rauskomme, dann werde ich mir mindestens zehn Folgen hintereinander gönnen.

11:27 Uhr und 40 Sekunden – KloLa

Liebe Freundin, gelten meine Mails an dich oder meine verzweifelten Klo-Lachausbrüche eigentlich auch als Selbstgespräche?

Oberlehrertage

Korinthenkacker. Ich musste dieses Wort extra nachschauen. Ich war mir nicht sicher, ob diese Bezeichnung vielleicht nur umgangssprachlich existiert (und unsicher wegen der richtigen Schreibweise war ich auch). Aber es gibt sie tatsächlich, steht ganz offiziell im Duden. Also darf ich diese Formulierung auch verwenden. Ein schönes Wort, finde ich. Dieses Wort tut mir richtig gut. Korinthenkacker!

Wenn mein Chef mal wieder meinen Namen nicht parat hat, dann nennt er mich «Frau Kollegin». Das haben Sie ja schon gelesen, wenn Sie nicht das eine oder andere Kapitel übersprungen haben. Mein lieber Chef nennt mich aber auch so, wenn er schlecht gelaunt ist und seinen Ober-Ober-Oberlehrertag hat. Immer, wenn er mir nicht von Mensch zu Mensch, sondern als Chef zur Untergebenen begegnet, nennt er mich so richtig von oben herab: «Liebe Frau Kollegin». Kommt auch noch privater Ärger bei ihm dazu, dann werde ich sogar ganz schnell zu seiner «verehrten Frau Kollegin».

Wenn er mir einen Auftrag erteilt oder mich bei einem Fehler erwischt und dazu gerade in dieser Oberlehrerstimmung ist – oder anders ausgedrückt: Wenn er seine Tage hat, dann hört sich das ungefähr so an: «Liebe Frau Kollegin, bringen Sie mir bitte die Akte X, ich konnte sie gestern nicht finden. Haben Sie die etwa neu beschriftet? Ich habe nach dem alten, halb herunterhängenden Rückenschild mit dem braunen Fleck in der Mitte gesucht.»

Kann mir mal jemand erklären, warum ich mich schuldig fühle, wenn ich einen Ordner ordentlich ordnerlich beschrifte???

Mein lieber Chef kann manchmal ein unglaublicher *Korinthenkacker* sein (herrlich, dieses Wort). Ist mein Chef in dieser Stimmung, fragt er mich gern: «Verehrte Frau Kollegin, was haben Sie denn da gemacht?» Dabei habe meistens nicht ich, sondern er etwas gemacht. Ich bekomme nach dieser Frage trotzdem automatisch ein schlechtes Gewissen und verharre in Wartestellung, bis es weitergeht im Chefton: «Im Schreiben an Herrn Wichtig ist eine Zeilenschaltung zu viel nach dem Datum. Und schaltet man nicht nur *einmal* vor den ‹Freundlichen Grüßen›? Aber Sie haben recht, verehrte Frau Kollegin, das sieht besser aus, so wie Sie es gemacht haben. Das kann so bleiben. Haben Sie auch die Adresse kontrolliert? Und dann würde ich diesen einen Satz gerne doch noch umändern. Statt ‹wie gestern telefonisch besprochen› sollte es heißen ‹wie in unserem Telefonat gestern besprochen›. Liebe Frau Kollegin, können Sie das bitte noch fertig machen, bevor Sie gehen?»

Damit allein wäre ich jetzt schon gut beschäftigt, aber es geht noch weiter: «Außerdem maile ich Ihnen noch die korrigierte Version des Berichtes, den Sie gestern getippt haben. Es war nur ein Fehler darin, verehrte Frau Kollegin, aber Sie konnten ja nicht wissen, dass sich die Firmenbezeichnung in Versalien schreibt. Ich hatte Ihnen die Visitenkarte nicht zu den Unterlagen gelegt, die liegt noch hier auf meinem Schreibtisch. Ja, wo ist sie denn? Frau Kollegin? Haben Sie die Visitenkarte gesehen, liegt sie vielleicht doch bei den Unterlagen? Können Sie bitte mal danach suchen? Und bitte, liebe Frau Kollegin, lesen Sie sich das noch einmal durch, damit Sie sich die Schreibweise einprägen können. So können Sie zukünftige Fehler vermeiden, verehrte Kollegin.»

Dafür soll ich jetzt noch mal 14 Seiten Bericht lesen? Ich antworte nur: «Danke für die Info», entsorge den Bericht auf meinem digitalen Daten-Müllberg und helfe beim Finden der Visitenkarte, die auf seinem Schreibtisch in eine andere Akte gerutscht war.

Es versteht sich von selbst, dass mein Chef solche Aktionen grundsätzlich startet, wenn ich im Begriff bin, nach Hause zu gehen, und mein Computer bereits abgeschaltet ist. Aber ich habe einen lieben Chef, der meine Lage mit einem Blick erkennt und dann verständnisvoll entscheidet: «Ach, Sie wollen ja jetzt Feierabend machen. Es reicht, wenn Sie den Brief morgen zur Poststelle bringen, verehrte Frau Kollegin.»

Während ich das hier alles niederschreibe, kommt mir eine Idee. Eine Eingebung sozusagen. Ich weiß plötzlich, wie ich ihm das «Frau Kollegin» austreiben kann. Wetten, dass er mich nie wieder so nennen wird? Nie wieder?

Wenn er mich das nächste Mal mit seinem herablassenden «Verehrte Frau Kollegin» an seinen Schreibtisch zitiert, werde ich unschuldig dreinschauen, den Kopf schief legen und freundlich antworten: «Ja, was kann ich für Sie tun, lieber Herr Kollege?»

Advent, Advent

Der erste Stellvertreter meines Chefs, Herr Silbermann, ist der ehrlichste Mensch, den man sich vorstellen kann. Mein Chef ebenfalls. – Ich übrigens auch. Zumindest sind wir alle so ehrlich, wie Menschen eben ehrlich sein *können*. Trotzdem müssen wir regelmäßig an einer Schulung zum Thema Korruption teilnehmen. Das macht uns alle zu Spezialisten auf diesem Gebiet. Es ist wirklich unglaublich, wie schnell sich so ein harmloser öffentlicher Angestellter der Korruption schuldig machen kann.

Zwei Pralinen darf der öffentliche Mitarbeiter – leider auch die öffentliche Mitarbeiterin – gerade noch annehmen. Bei dreien hört der Spaß aber schon auf, wobei das natürlich von der Preisklasse abhängt ... Bei meinem noblen Lecker-Pralinen-Hersteller jedenfalls könnten schon zwei gefährlich werden. Auf Korruption steht sogar Gefängnisstrafe. Man kann bis zu sechs Jahre in den Bau gehen, wenn man zu viele Pralinen nascht (und sich dabei erwischen lässt). Wie die Anklage lautet, wenn frau statt der Schokolade den hübschen Pralinenhersteller vernascht, ist bisher ungeklärt.

Und ausgerechnet jetzt, so kurz nach der letzten Anti-Korruptions-Veranstaltung, kommt eine (mir) unbekannte Person ins Büro, übergibt meinem Chef ein weihnachtliches Päckchen, bedankt sich herzlich für die gute Zusammenarbeit und zieht weiter. Ich kann es nicht fassen und rufe mitten in die gierige Papierzerreiß-Auspack-Aktion meines Chefs: «Achtung, Korruptionsgefahr!» Und tatsächlich: Es kommen deutlich mehr als fünf Pralinen zum Vorschein. Eine große Packung mit leckerem Inhalt! Mein lieber Chef hält mir die Versuchung direkt unter die Nase. Ich flüstere, bereits geschwächt: «Bestechungsversuch», kann mich aber nicht lange beherrschen und greife zu.

Beim Nougatkauen mache ich mir Gedanken und suche nach einer Lösung, um mein schlechtes Gewissen zu beruhigen. Vor lauter Schuldbewusstsein schmeckt die Praline gleich so bitter, dass sie mir fast im Halse stecken bleibt. Aber noch während ich schwer an der süßen Versuchung schlucke, habe ich einen Geistesblitz. Eine geniale Idee, wie ich den Korruptionsverdacht umgehen kann. Also greife ich erleichtert noch *einmal* in die Schachtel und genieße beruhigt ein zweites Mal. Es ist nämlich ganz einfach: Wenn wir genug Mitesser (nicht zu verwechseln mit Mitwisser) finden und keiner mehr als zwei Pralinen isst, dann macht sich auch niemand strafbar.

Die Pralinen sind inzwischen korruptionsvermeidend gerecht verteilt und verputzt, aber die Angst vor dieser amtlichen Geißel bleibt bestehen. Besonders jetzt im Advent, naturgemäß einer sehr gefährlichen Zeit.

Für Herrn Silbermann kommt ein Brief an. Ich sehe sofort, dass es sich um eine unpersönliche, blöde und unsinnige Weihnachts-Geschäfts-Werbungs-Gruß-Karte handelt, die nun wirklich kein Mensch braucht. Ich mache mir gar nicht erst die Mühe, diesen Brief zu öffnen, sondern gebe den Umschlag direkt weiter. Herr Silbermann, der manchmal zu Scherzen aufgelegt ist, schaut auf den Absender: «Die Firma kenne ich überhaupt nicht.» Neugierig reißt er den Umschlag auf. «Mist, kein Geldschein drin.» Herr Silbermann zieht die Karte raus, schüttelt sie und sagt trocken: «Nicht mal ein Plätzchen. So wird das aber nichts mit einer Zusammenarbeit.» – Hoffentlich kommen wir dafür nicht in den Knast.

Die Korruptionsangst sitzt tief bei uns im Amt. Mache ich mich eigentlich auch der Korruption schuldig, wenn ich Kekse verteile? Bin ich korrupt, wenn ich den Entschuldigungspralinen meines Chefs nicht widerstehen kann? Nach der letzten Verspätung meines Chefs nämlich hatte ich mich beschwert: «Lieber Herr Chef, es ist mir sehr unangenehm, Ihre Besucher bei Laune halten zu müssen, wenn Sie nicht pünktlich zu den vereinbarten Terminen erscheinen. Außerdem geht dabei dauernd meine private Keksration drauf, weil ich Trostkekse verteile, wenn die Geduld Ihrer Gäste zur Neige geht.»

Er brachte mir zur Entschuldigung eine große Packung Superlecker-Pralinen mit und versprach mir ab sofort mehr Pünktlichkeit. Seitdem ruft er jeden Morgen an, wenn er zu Hause in sein Auto steigt, um mir mitzuteilen, dass er gerade losfährt und auf direktem Weg ins Büro ist. Bei dieser Gelegenheit erzählt er dann auch gleich die wichtigsten Ereignisse vom Vortag. Zum Beispiel, dass er gestern mit seinem Schwager im Schwimmbad war, aber nur bis 22 Uhr. Normalerweise bleibt er immer bis 23 Uhr, aber gestern ging er früher, weil der Schwager ... und so konnte er ... und seine Frau hat ... und dann rief auch noch die Tochter an ... Diese Gespräche enden immer mit dem Satz: «Ich bin fast da, ich fahre gerade in die Tiefgarage ein.»

Jetzt muss ich mich aber sputen, vielleicht schaffe ich es, mir einen Kaffee zu kochen, während mein lieber Chef im Aufzug steckt, ups, ein «freudscher Vertipper», ich meinte natürlich: während mein lieber Chef im Aufzug steht.

Und schon folgt das nächste Korruptionsproblem: Die dritte und aktuelle Gattin meines Chefs meint es gut mit uns. Sie bringt uns selbstgebackene Plätzchen vorbei. Alle freuen sich. Wir brauchen hier ständig Nervennahrung. Auf diese Weise lerne ich die wichtige Frau nun auch persönlich kennen. Bisher hatten wir nur telefonisch das «Vergnügen». Die Freude (über die Plätzchen) ist aber nur von kurzer Dauer, denn sie geht nicht wieder. Nein, Frau Chef möchte ihre gebackenen Kunstwerke in trauter Runde mit uns gemeinsam verspeisen und dabei möglichst noch gebührend bewundert werden. Keiner von uns hat Zeit und vor allem Lust dazu. Aber wir sind höfliche Mitarbeiter und hängen  dafür heute eben Überstunden dran. So sitzen wir also zusammen, Chef, Frau Chef, Chef-Stellvertreter, Stellvertreter des Chef-Stellvertreters, Mittel- und Unterchefin und ich.

Die Frau meines Chefs hat einen etwas eingeschränkten Horizont, das wird schnell klar. Aber sie kann nichts dafür, sie hat noch nicht viel gesehen und erlebt im Leben. Ich bleibe professionell freundlich und hoffe, dass Frau Chef möglichst bald wieder abzieht. Erst als im Laufe der Plätzchenrunde Ausdrücke fallen wie «Die Ausländer ... Tätowierte ... Langhaarige, Leute ohne Abitur, Schulabbrecher, Verbrecher ...» kann ich mich nicht zurückhalten und bringe schnippische Einwände, obwohl schon der coole Albert Einstein wusste: «Es ist schwieriger, eine vorgefasste Meinung zu zertrümmern als ein Atom.» Meine Bemerkungen werden trotzdem immer patziger. Das ist wirklich nicht fair vor all den «Untergebenen». Ich, die immer angepasste, immer freundliche kleine Sekretärin, kann mich nicht länger beherrschen und oute mich als gesellschaftliche Rebellin.

Endlich ist die Plätzchenvorstellung vorbei, und wir können wieder an die Arbeit. Ich allerdings fühle mich gar nicht wohl in meiner Haut. War ich zu weit gegangen? Viel zu frech? Ich überlege, ob ich mich am nächsten Tag entschuldigen muss, und male mir aus, wie die Frau meinem armen Chef daheim die Hölle heißmacht: «Ruf deine ungezogene VoZiDa mal zur Ordnung!»

So erwarte ich am nächsten Morgen mit hängenden Schultern die Zurechtweisung meines Chefs, die ich vermutlich verdient habe. Endlich, endlich kommt er zur Tür rein, begrüßt mich freundlich wie immer und ... entschuldigt sich für die Beschränktheit seiner Frau.

Sockenalarm

Das Chaos hat einen Namen: mein lieber Chef. Manchmal kommt es zu kleinen Verwirrungen, wenn er seine Termine selbst macht. Ich weiß von nichts, im Kalender steht nichts, und die Geladenen wissen nicht, wohin sie wann warum hinbestellt wurden. Oder mein Chef hat schon längst wieder vergessen, dass er überhaupt einen Termin angeregt hatte – oder alles kommt zusammen. Heute ist so ein Tag.

Schon im «Aufzug zur Hölle» deutete sich das Unheil an. Dabei stieg ich heute Morgen doch so gut gelaunt und schaffensfroh in den Fahrstuhl. Drei Leute standen schon drin, aus der Tiefgarage kommend. Alle drei kenne ich, sie wohnen auf einem entfernten Flügel meines amtlichen Stockwerks. Zwei Abteilungsleiter und eine Kollegin vom *Dezernat für Soziales und Wirtschaft im öffentlichen und nichtöffentlichen Raum* (Soziales und Wirtschaft, passt ja prima zusammen). Ich wünschte fröhlich «Guten Morgen» und erhielt von zweien immerhin noch ein unwilliges, kaum verständliches Gebrummel zur Antwort. Vom Dritten kam gar keine Reaktion. Um die Stimmung aufzulockern, brachte ich einen Spruch an: «Das trifft sich ja gut, wir haben alle den gleichen Weg und die gleiche Ausfahrt. Nehmen Sie eine Anhalterin mit?» Kein Kommentar, keine Reaktion. Die drei starrten nur weiter grau, muffelig und unfreudig vor sich hin.

Wenn es im Treppenhaus nicht so stickig wäre, würde ich diesen blöden Aufzug gar nicht benutzen. Wie gerne würde ich die Stufen nehmen und müsste euch nicht ertragen, ihr freudlosen Misanthropen ... Der Aufzug rumpelt weiter, diese frustrierende Fahrt scheint einfach kein Ende zu nehmen. Gut, vielleicht war mein Fahrstuhlspruch ein wenig abgegriffen, aber meine Mühe hätte man wenigstens mit einem freundlichen Blick honorieren können. Es hätte ja auch jemand antworten können: «Ja, da können wir jetzt voll durchbrettern, ganz ohne Zwischenstopp im ersten Stock.» Alle hätten mal «Ho, ho, ho» gemacht, und schon wären wir gut gelaunt oben angekommen.

Nachdem ich diesem Zombie-Aufzug entkommen war, ohne mich an der Kälte meiner Kollegen zu verkühlen, musste ich erst einmal meine Wut über so viel Muffeligkeit ablassen: Ich knallte meine Bürotür dermaßen heftig hinter mir zu, dass die vergilbten Wände wackelten. Sofort schnellte die Oberbosssekretärin aus ihrem Kabuff. «Ist alles in Ordnung bei Ihnen?» Mühevoll beherrscht grummelte ich mürrisch: «Keine Sorge, alles wie immer!»

Nun sitze ich selbst grau und missmutig in meinem Büro und warte, dass die Zeit vergeht. Es dauert noch Stunden, bis ich endlich den Aufzug nach unten in die Freiheit nehmen kann. Wie ich die Zeit bis dahin überstehen will, weiß ich noch nicht so genau. Aber eines weiß ich schon: Ich werde so böse und abweisend schauen, dass kein Anhalter mit mir im Aufzug mitfahren will. Genau – ich werde *niemanden* mitnehmen. Wo käme ich denn da hin? Am Ende müsste ich noch einen Zwischenstopp einlegen und mir blöde Aufzugsprüche anhören.

Stopp. Es ist noch viel zu früh am Morgen, um mich in Phantasien über meine Heimfahrt zu verlieren. Die erste amtliche Stunde ist doch gerade erst angebrochen. Jetzt steht zunächst die tägliche Wiederaufführung eines Schauspiels auf dem Programm, das ich «Männergespräche» nenne. Hauptdarsteller sind zwei Kollegen aus unserer Abteilung. Jeden Morgen um exakt die gleiche Zeit sprechen sich die beiden ab: «Besde so wick?» oder «Könne mer loss?» – «Nä, nu waat ens, isch mach datt noch flöck fäähdich!» oder «Van misch us, häs de dä Schlössel?».

Wenn beide bereit sind – der Schreibtisch so geordnet, dass er für einige Zeit verlassen werden kann; der Schlüssel gefunden, um die Bürotüren ordnungsgemäß zu verschließen, damit die Amtsgeheimnisse gewahrt werden –, dann tapsen die beiden erwachsenen Männer gemeinsam mit einer einzigen Thermoskanne los, um Kaffee zu kochen. Beide stehen gemeinsam in der schmuddeligen Miniküche und warten geduldig, bis das Wasser sprudelt. Sie nutzen die Zeit zum Gedankenaustausch und führen ihr tägliches Männergespräch, das meistens nur aus fünf bis sieben Wörtern besteht: «Unn, alles joot?» Es folgt eine amtliche Pause. «Sischer, et moss jo.»

Wenn der Kaffee endlich in die braune Kanne gefüllt worden ist, geht einer der beiden weiter Richtung WC, während der andere die Aufgabe hat, den Kaffee ins gemeinsame Büro zu tragen. Das geht ganz routiniert und ohne Worte über die Bühne, diese Aufgaben wurden sicher schon vor sehr langer Zeit klar verteilt. Na, wenn das nicht effektive Arbeitsteilung ist, denke ich auf meinem Weg zur Toilette und lästere mich bei meiner verbündeten Carola aus, die sich, wie meistens, in den Sanitäranlagen aufhält. Ihr Kommentar in gängiger Amtssprache: «Eih, dess hilft de Daach zu strukduriere. Des hamm die schon immä so gemachd, dess mache die aach weidä so.»

Fragen Sie mich nicht, wie ich den Rest des Tages rumgebracht habe, ich habe keine Ahnung. Für mich ist jetzt endlich Feierabend.

Meine hässlichen, aber warmen Winter-Siebenmeilenstiefel stehen schon vor meinem Schreibtisch. Erleichtert ziehe ich einen meiner schicken Amtspumps aus und steige in den ersten ausgelatschten, herrlich bequemen (und nicht sehr sauberen) Romika. In diesem Moment klopft es. Ich kicke schnell die herumliegenden Schuhe (einen verdreckten Stiefel und einen schicken Peter-Kaiser-Pumps) unter meinen Schreibtisch. Einer der ganz hohen Herren steht vor mir. Er hat einen Termin mit meinem Chef, aber keine Info über den Besprechungsort. Der wichtige Mann streckt mir seine Hand entgegen, ich stehe also auf und reiche ihm mein entsprechendes Körperteil so grazil wie möglich entgegen. In meinem kreativen Schuh-Outfit stehe ich vor ihm und begrüße ihn, als hätte ich ihn schon lange erwartet, anschließend leite ich ihn (möglichst) galant ins Chefbüro weiter. Okay, der hat nix gemerkt – weder meine Überraschung über seinen Besuch noch meinen etwas eigenwilligen Schuhmix.

Ich humpele zurück an meinen Platz und krieche unter den Schreibtisch, um mein Schuhwerk wieder zu ordnen. Inzwischen habe ich den zweiten Pumps ausgezogen. In diesem Moment klopft es wieder an meine Tür, dieses Mal sehr energisch. Kopfstoßend tauche ich unter meinem Schreibtisch auf und schaffe es gerade noch rechtzeitig, auf meinem Stuhl eine einigermaßen normale Position einzunehmen. Der nächste hochwichtige Mann steht vor mir. Auch er möchte mir die Hand schütteln und wissen, wo er hinsoll: «Guten Tag, Frau VoZiDa, wo findet die Besprechung statt? Ihr Chef hat in seiner Einladung keine näheren Angaben gemacht.» So unauffällig wie möglich schiebe ich mit dem Fuß die Schuhe wieder unter den Tisch, stehe auf – diesmal nur mit einem Romikastiefel und einem sehr hellgrün (!) bestrumpften Fuß – und begrüße ihn professionell mit dem geforderten Handschlag. Wieder vertusche ich dabei meine Überraschung und versuche gleichzeitig, den grell leuchtenden Strumpffuß hinter dem Schreibtisch zu verbergen. Das lässt meine Körperhaltung etwas steif und schief erscheinen, aber ein so wichtiger Mann kennt es sicher, dass die Leute vor ihm einknicken. Er jedenfalls findet meine Haltung nicht merkwürdig.

Inzwischen kommt mein Chef mit dem ersten Besucher aus seinem Büro. Wir stehen alle zusammen, unterhalten uns nett und beratschlagen, wo, wie und was jetzt gemacht werden soll. Mir spukt dabei die ganze Zeit das Problem im Kopf herum, dass meine grüne Socke, die meiner politischen Überzeugung entspricht, für die Besucher aber die falsche Parteifarbe hat und aus diesem Grund unbedingt unentdeckt bleiben muss. Ich stehe die ganze Zeit mit meinem schmutzigen Romikastiefel auf einem Bein und verstecke den farblich indiskutablen Strumpffuß unter dem Tisch. Er ist wirklich

sehr penetrant grün. Und zusätzlich singt es in meinem Gehirn: «Ein Mädlein steht im Amt rum auf einem Bein. Sag,
wer mag das Mädchen sein, das da steht im Amt allein auf
einem grühühühnehem Füßelein ...» Na, haben Sie jetzt
auch dauernd dieses Kinderlied im Kopf?

Ich bin ein Prestigeobjekt

Wir haben Besuch. Herr Geiersberg sitzt bei meinem Chef, die beiden bereiten eine große Sitzung für heute Abend vor. Die Stimmung ist etwas angespannt, denn es herrscht Rivalität zwischen den Herren. Irgendwann vor fünfundzwanzig Jahren gab es da mal eine Geschichte, es ging um eine Kollegin …

Mein Chef will natürlich vor Herrn Geiersberg glänzen und bläht sich so richtig auf. Im Amt kann man ja allein durch den Umstand, dass man über eine VoZiDa verfügt, prächtig renommieren. Und wenn diese auch noch vorführbar ist – umso besser. In dieser Hinsicht ist mein Chef offenbar sehr zufrieden mit mir. Neulich hat er mir das mal genauer erklärt: «Liebe Frau Kollegin, ich freue mich sehr, dass Sie immer so adrett gekleidet sind, auch wenn Sie damit manchmal etwas aus dem Rahmen fallen. Sie haben Mut zum Ungewöhnlichen, das gefällt mir.»

Was will er damit sagen? Ist die Falte in der grauen Bundfaltenhose zu gerade? Der Blazer zu grau, die Bluse zu braun? Sind meine Röcke zu lang, sind sie ihm zu kurz oder die Absätze zu hoch? Ich habe doch schon die normalsten und langweiligsten Klamotten an, die mein Kleiderschrank hergibt; zwei Hosen mit Vorderfalte habe ich mir für diesen Job sogar extra gekauft. Fragend schaue ich ihn an. «Nein, nein», wiegelt er ab, «ich bin sehr zufrieden mit Ihrem Outfit. Sie sind durchaus vorzeigbar.» Was mein lieber Chef mir damit wirklich sagen will: Ich bin (s)ein Prestigeobjekt! Und genau deswegen werde ich nun ständig herbeigerufen.

Mein Chef möchte mich Herrn Geiersberg ausführlich vorführen. Der Geiersberg hat nämlich *keine* eigene Sekretärin. Dieser Prestigepunkt erhebt meinen Chef ein gutes Stück über seinen Rivalen und muss gebührend ausgekostet werden. Ich spüre förmlich, wie mein Chef seinem Widersacher immer wieder einen Schlag versetzt, wenn er nach seinem Prestigeobjekt ruft. Und daran ergötzt er sich, die Befehle kommen im Stakkato: «Bringen Sie bitte, kopieren Sie, schreiben Sie, holen Sie ...» Oder er ruft: «Verehrte Frau Kollegin, verbinden Sie mich bitte mit Herrn Hellwig, Müller, Bayerlein ...»

Mein Chef könnte selbst die vier Nummern wählen, die er nach jahrzehntelanger Amtszugehörigkeit alle auswendig kennt, während ich im Telefonbuch erst mühsam danach suchen muss. Ich weiß genau, dass er alle Nummern intus hat, er kann sonst fast immer ganz selbständig wählen. Ich gönne meinem lieben Chef aber den Triumph. Zwar kann ich dieses Gehabe nicht so recht verstehen, weil ich eine Frau bin und auch nicht amtlich gebildet, aber ich bin Profisekretärin und lasse ihn gewähren – bis, ja, bis er den Bogen überspannt. Ich habe schließlich auch noch anderes zu tun, Prestige allein sortiert die Post nämlich nicht. Genug ist genug.

Beim nächsten gockeligen Verbundenwerdenwollen rufe ich ihm einfach ganz frech die Durchwahl rüber. Soll er doch – *verdammt noch mal* – selbst wählen.

Ich könnte jetzt aber auch von meinem Schreibtisch aufspringen, zu ihm rüberstürzen und seinen Kopf komplett mit schalldichten Kompressen und Mullbinden aus dem Erste-Hilfe-Kasten umwickeln. Dann wäre mein Chef ganz sicher richtig verbunden.

Ausschusssitzung

Ich verstehe es nicht. Wie schafft M/man(n) das? Und zwar jedes Mal? Ausnahmslos. Wie schafft es mein Chef, in jeder Sitzung alle seine Unterlagen in einen Zustand heilloser Unordnung zu bringen? Sie können ihm doch nicht *jedes* Mal auf den Boden fallen. Ich vermute, dass

er sie auch nicht zusammenschiebt wie ein Kartenspiel – jedenfalls nicht vorsätzlich. Ich habe eine Theorie entwickelt: Er wirft all seine Papiere während dieser Konferenzen in hohem Bogen mitten in den Raum wie Konfetti (Konferenz und Konfetti – die beiden Wörter passen ja prima zusammen). Vielleicht ruft er sogar «Hurra», «Helau» oder «Alaaf» dazu, um die Stimmung aufzulockern.

Einer der Konferenzteilnehmer, den ich privat kenne, sagt, er steige «in die Bütt», wenn er sich selbst vom Rednerpult aus beweihräuchert und von seinen Heldentaten und den Fehlern der anderen berichtet. Ich muss ihn mal fragen, ob man eine rote Plastiknase überreicht bekommt – als Mitgliedsausweis für diesen erlauchten Kreis; und ob diese Nasen aufgesetzt werden, wenn der Teil kommt, bei dem es heißt: «Die Tagesordnungspunkte werden in nichtöffentlicher Sitzung behandelt.»

Nach einer solchen Sitzung holt mein Chef vermutlich den großen Hausmeisterbesen und kehrt alles (Unterlagen, Papierschnipsel, Parkquittungen, Servietten, Brötchenkrümel) in die Aktenmappe zurück. Dabei benutzt er die Mappe als Kehrschaufel, um auch wirklich sämtliche Zutaten anständig durchzumischen. Erst dann wirft er sie mir für meine Ablage auf den Tisch. Anders ist nicht zu erklären, dass die von mir so gewissenhaft geordneten und mundgerecht zubereiteten Unterlagen nach Gebrauch in derartig chaotischer Formation zu mir zurückkehren (wenn sie überhaupt vollständig zu mir zurückfinden). Sind das Arbeitsbeschaffungsmaßnahmen? Will er meine Belastbarkeit testen, meine Geduld auf die Probe stellen? Oder meine Schmerzgrenze ausloten? Hat das was mit Prestige zu tun? Oder ist das gar höhere Politik, die ich als nichtamtlich ausgebildete Person nicht verstehen kann?

Zumindest ist sein Alles-durcheinander-Bringen eine Erklärung dafür, dass er sich samstags am wöchentlichen Hausputz zu Hause nicht beteiligen darf. Seine Frau kann ihn dabei nicht gebrauchen und schickt ihn weg. So weiß er nicht recht, was er mit sich anfangen soll, und geht ins Büro – zum Überstundenschrubben.

Nur ein Traum?

Ich bin ein Nervenbündel. Dafür gibt es eigentlich keinen besonderen Grund. Es ist nur der ganz normale amtliche Wahnsinn, der mich verfolgt. Das lässt sich schon an meinem Traum von letzter Nacht erkennen. Ich kann nicht singen, das weiß ich genau. Dabei gebe ich doch so gerne und lauthals Töne von mir, leider aber immer die falschen. Mein Sohn hat mich schon im zarten Alter von zwei oder drei Jahren darauf hingewiesen, als ich an seinem Bettchen sitzend einen Gute-Nacht-Song zum Besten gab. Nach der ersten Strophe piepste mein geliebter vorlauter und müder Sprössling: «Mama, sei lieber still.»

In meinem Traum von letzter Nacht aber, da trällerte ich plötzlich wie eine Nachtigall. Er fiel mir wieder ein, während ich heute schon vor meinem ersten amtlichen Heißgetränk eine Stunde als «Chef-Zuhörerin» *gearbeitet* hatte und um 9:15 Uhr fix und fertig über meinem Schreibtisch hing. Ich war schrecklich müde, denn letzte Nacht wurde ich überraschend geweckt – von meinem eigenen Lachen. Danach war an Schlaf nicht mehr zu denken, weil ich bis zum Morgengrauen immer wieder kichern musste. Eigentlich sehr lustig, aber eben auch anstrengend.

Vor lauter Erschöpfung bekam ich nach meiner ersten amtlichen Arbeitsstunde einen regelrechten Lachflash wegen des blöden Traums. Mein Chef schaute verdutzt, und als ich wieder Luft bekam, erklärte ich verlegen: «Lieber Chef, gestern hatte ich doch mit Ihnen geschimpft, weil Sie immer vergessen, das Fenster zu schließen, wenn Sie nach Hause gehen. Und heute Nacht wurde ich bestraft für mein Gemecker. Ich habe schlecht geträumt und wenig geschlafen.»

Die Einzelheiten meiner nächtlichen Abenteuer behielt ich lieber für mich, es war mir einfach zu peinlich: Im Traum sang ich einen total bescheuerten Discohit – dabei kenne ich überhaupt keine Discomusik (dachte ich bisher jedenfalls). Ich trällerte lautstark und tanzte dabei vor dem Schreibtisch meines Chefs wie eine Discoqueen hin und her. Immerzu

sang ich: «Uh, uh, uh, uh, das Fenster ist zu, uh, uh, uh, uh, das Fenster ist zu …» Erkennen Sie die Melodie? Genau, der Refrain des Liedes geht so: «Uh, uh, uh, uh, die Wanne ist voll, uhuhuhuh …»

Nun sitze ich hier, mal wieder völlig erschöpft – nicht nur von meinem Singsang im Kopf. Wie soll ich in diesem Zustand nur meine Arbeit als Homepagebeauftragte machen, wie soll ich den amtlichen Internetauftritt modernisieren? Und warum wird dieses Internetgedönse eigentlich nicht vereinheitlicht, landesweit oder, noch besser: bundesweit? Stellt sich gleich die nächste Frage: Wie soll das gehen, mit *solchen* Kollegen?

In der Hoffnung, dass junge Leute beweglicher im Kopf sind, hatte ich Herrn Eisenhart um Hilfe in der Internet-Angelegenheit gebeten. Er ist zwanzig Jahre jünger als ich – jedenfalls auf dem Papier, und so ging ich davon aus, dass der junge Mann möglicherweise mit Verbesserungsvorschlägen aufwarten könnte. Ich gab ihm Hinweise: «Vielleicht könnten wir unsere Formulare neu gestalten, sodass sie vom Kunden online ausgefüllt werden können. Vielleicht können dann auch die Daten direkt in unser System übernommen werden. Und bestimmt fällt Ihnen noch mehr ein, lieber Herr Eisenhart. Sie sind doch mit dem Internet aufgewachsen und kennen sich viel besser aus als ich. Es geht zunächst nur darum, Ideen zu sammeln.»

Die Antwort des jungen, eisenharten Mannes fiel so knapp wie unbefriedigend aus: «Alles funktioniert ganz gut, so wie es ist, und sollte nicht geändert werden.» Diese Aussage bedeutet im Amt: Auch weiterhin wird mit selbstgebastelten Formularen gearbeitet. Der Kunde füllt die Vordrucke zu Hause an seinem Computer aus, muss sie ausdrucken und per Post an uns schicken, oder er kommt gleich persönlich vorbei. Hier werden dann alle Daten erneut eingegeben, und zwar *jedes Mal*, wenn mehrere Abteilungen für einen Vorgang zuständig sind.

Ich versuche dem Kollegen Eisenhart Mut zu machen und erkläre, dass es zum Beispiel darum geht, die Eingaben nicht mehr doppelt und dreifach vornehmen zu müssen. «Denken Sie einfach mal an die nächsten Generationen, die Kunden der Zukunft, die bereits im Kindergarten mit Computern spielen. Spinnen Sie doch einfach mal ein bisschen innovativ und ergebnisoffen herum.» Daraufhin verdreht dieser Eisenkopf merkwürdig die Augen, streckt die Hände weit von sich und ruft verzweifelt aus: «Ich kann nicht spinnen – ich bin Beamter!»

Immer wieder muss ich alteingesessenen Kollegen ihre Computerprogramme erklären. Das Röschen (Sie wissen schon, Frau Rose, die eigentlich ein Primelchen ist) rief mich um Hilfe. Als ich in ihrem Büro eintraf, musste ich sie erst einmal suchen. Frau Rose saß mit zerrauften Haaren zusammengesunken hinter ihrem Bildschirm versteckt und machte zum ersten Mal einen menschlichen Eindruck auf mich – einen hilflosen allerdings. Röschen drückte wild auf den Tasten herum und entlockte ihrem Computer damit jedes Mal nervtötend laute Alarmsignale, dabei schrie sie mir durch den Lärm entgegen: «Dieses neue Programm macht mich wahnsinnig, es macht alles falsch.» Beruhigend redete ich auf den Computer und Frau Rose ein und drückte die bewährte Tastenkombination, mit der sich fast alles richten lässt: Strg+Alt+Entf. Der Computer wurde still, und die Kollegin entspannte sich ein wenig.

Als Entschuldigung, dass sie mit dem Programm nicht klarkam, erklärte sie: «Ich habe noch nicht viel mit dem neuen Programm gearbeitet, das kenne ich noch nicht so gut.» – Das Programm wurde vor sieben (!) Jahren auf ihrem Rechner installiert.

Zum Glück kann ich mit meinem Rechner und dem dazugehörigen Drucker umgehen, auch wenn ich noch nicht sieben Jahre damit arbeite. Das heißt aber nicht, dass bei mir alles klappt ... Ausgerechnet in dem Moment, als ich meinen streikenden Drucker malträtierte, platzte die Oberboss-

Sekretärin in mein Büro. Nun weiß ich, wie Frau Truthahn sich fühlt, wenn sie den Kopierer tritt. Mein Druckdings hatte sich verschluckt und musste durch ein paar Hiebe von mir wieder zum Drucken überredet werden. Meine Schläge wirbelten eine riesige Staubwolke auf, und genau in diesem Moment kam sie rein, die Oberboss-Sekretärin. Wir husteten gemeinschaftlich, statt uns einen «Guten Tag» zu wünschen. Die Kollegin schaute mich etwas irritiert an, als sie endlich wieder durchatmen konnte, und ich fühlte mich verpflichtet, noch immer hüstelnd, eine Erklärung abzugeben: «Ich repariere gerade den Drucker.»

Diese Erklärung schlug die Oberboss-Sekretärin in die Flucht, kopfschüttelnd und ein letztes Mal sich vorwurfsvoll räuspernd, zog sie ab. Wenigstens lief das Druckdings wieder. Allerdings spuckte es jetzt schier endlos bedruckte Blätter aus. Der Drucker ließ sich einfach nicht stoppen – und an die Steckdose kam ich nicht ran.

Ich vermute, dass mein Chef mal wieder einen Druckbefehl erteilt hatte, als er in einem 400-Seiten-Dokument las und nicht bemerkte, dass der Drucker streikte. Vermutlich hatte er den Druckbefehl sowieso nur unabsichtlich ausgelöst. So was kommt öfter vor. Morgens liegen immer wieder stapelweise Ausdrucke im Ausgabefach unseres Druckers. Mein lieber Chef druckt offensichtlich nachmittags, wenn ich schon weg bin und nicht auf ihn aufpassen kann, alles Mögliche und Unmögliche aus und vergisst es gleich wieder. Wenn ich den Kollegen Drucker dann wieder zum Laufen, also zum Drucken, gebracht habe, halte ich meinem Chef den ausgespuckten Papierstapel vor die Nase. Er schaut kurz drauf und sagt regelmäßig: «Ach, das ist von gestern, das brauche ich nicht mehr.»

Vielleicht sollen wir hier im Amt ja die heimische Papierindustrie unterstützen? Das würde die vielen unnötigen Kopien und Ausdrucke erklären, die ich immer wieder finde. Dieser Wirtschaftszweig hat es bestimmt nicht leicht im Computerzeitalter. Vielleicht gibt es zur Unterstützung sogar geheime amtliche Absprachen? Ich jedenfalls kann gar nicht so viel schreiben, skizzieren und notieren, wie wir hier Schmierpapier erzeugen.

Ich schreibe meine Notizen schon in extra großer Schrift, um die Schmierzettel zu füllen. Für jede noch so kleine Notiz nehme ich ein neues, versehentlich bedrucktes Blatt. Aber der Schmierpapierstapel wächst weiter unerbittlich in die Höhe.

Hierarchie

Das ist bestimmt die ganz hohe Politik. Ich nenne sie der Einfachheit halber: Klolitik. Ja, es ist geschmacklos und unappetitlich, besonders bei der Toilettenlage hier. Aber ich kann es mir nicht verkneifen.

Ich finde die Klokultur in Deutschland ganz schrecklich und bin bekennende Freipinklerin, wo immer es möglich ist. Mich wundert der Begriff «Notdurft» schon lange nicht mehr, er ist sehr passend. Ich gerate immer in *Not*, wenn ich da muss, wo ich offiziell *darf*. Schmutzige Toiletten, nur andeutungsweise abgetrennte Verschläge. Wenn frau sich auf den amtlichen Toiletten ein klein wenig bückt, kann sie schon an den Schuhen erkennen, welche Kollegin nebenan unter Blähungen leidet. Am verräterischen Rascheln der kleinen Plastikverpackung wird auch sofort klar, wer gerade *nicht* schwanger ist – null Privatsphäre. Was ist es da im Vergleich für ein Vergnügen, bei einem Waldspaziergang hinter einem Baum verschwinden zu dürfen. Leider gibt es hier auf dem Amt keine Bäume, außer dem mickrigen Gummibaum im Konferenzsaal. (Ich schwöre, ich war es nicht! Das ist hoffentlich nur Gießwasser!)

Mein Chef findet, dass das gemeinsame Pinkeln auch Vorteile hat. Er erzählt, dass er neulich direkt neben seinem Vorgesetzten stand und sie sich über das Plätschern hinweg nett unterhalten hätten, so von Mensch zu Mensch, von Mann zu Mann. Mein Chef freut sich immer so, wenn sein Boss nett zu ihm ist. Okay, das erscheint mir sehr männlich – diese Pinkelkumpanei.

Einige Tage später versucht mein Chef vergeblich, seinen Boss an die Strippe zu bekommen. Die oberste Sekretärin deutet an, dass der Oberboss gerade «kurz im Hause unterwegs» sei. Schon allein diese Auskunft ist Gold wert. Wann bekommt man schon mal so einen wertvollen Tipp? Ich höre das Telefonat zufällig mit und rufe meinem Chef zu: «Schnell, beeilen Sie sich! Gemeinsames Pinkeln verbindet!» Mein Chef ist ziemlich humorlos, wenn es um seinen (Kann kein Pissoir malen, hab's auch gar nicht erst versucht.) Vorgesetzten geht. Er springt für hiesige Verhältnisse unglaublich schnell hinter seinem Schreibtisch hervor und spurtet los.

Perplex über so viel Tempo, bleibe ich allein im Büro zurück. Das kann nicht sein, oder doch? Ich bin kein Mann, ich kann das wohl nicht verstehen. Vorsichtshalber werfe ich einen Blick in den Gang. Vielleicht wollte mein Chef nur ein Späßchen machen? Bestimmt steht er vor der Tür, klatscht in die Hände und lacht über seinen Streich. Aber nein, der Flur liegt leer und verlassen vor mir, bis Herr Bremerkamp um die Ecke biegt.

Ohne Witz? Wie soll ich bloß diesen Freitag überstehen? Ich werfe ein freundliches «Hallo, Herr Bremerkamp» in den

Gang und stelle mich auf sein Späßchen des Tages ein. Aber der Witzbold bleibt stumm. Er grinst mich nur merkwürdig schief an und presst seine Lippen aufeinander. Das ist äußerst ungewöhnlich, ich tippe auf Zahnschmerzen und frage besorgt: «Ist alles in Ordnung mit Ihnen?» Sein Grinsen wird breiter und breiter, bis mir ein erschrockenes «Oh!» entschlüpft. Herr Bremerkamp entblößt seinen komplett zahnlosen Kiefer bis zum Anschlag. Der Kollege ist anscheinend Gebissträger. Nur heute offensichtlich nicht. «Isch habb nach dem Frühschtück die Schähne rauschgenomn und vergeschn, widr reinschutun», sagt er vermutlich. Herr Bremerkamps Dritte liegen also herrenlos und verloren zwischen seinen staubigen Aktenstapeln. Hoffentlich findet er sie bald wieder, sonst komme ich noch auf Witzentzug. Ich muss ihm sofort suchen helfen!

Doch da kommt mein Chef mit wütenden Schritten zurück. Er sieht verstimmt aus. Das Gebiss muss warten, mein Chef braucht mich jetzt, so wie er dreinschaut. Ich verkneife mir die Frage, wie es lief, aus purer Angst, dass er mir eine ernsthafte Antwort geben könnte. Und glücklicherweise rettet mich das Telefon vor einem ungebetenen Bericht. Am anderen Ende der Leitung meldet sich die etwas weniger wichtige Sekretärin eines etwas weniger wichtigen Menschen, als mein Chef es ist. Frau Schräuble ist immer sehr nett zu mir, sodass ich ihr ein schönes Wochenende wünsche, bevor ich das Gespräch durchstelle. Schließlich gehört sich das so im Amt, es ist ein festes Ritual.

Schöne Wochenenden sind so ziemlich das Einzige, woran wir uns hier festhalten können ... Die Herren führen derweil ihr ordentlich verbundenes und erstaunlich kurzes Telefonat. Anschließend kommt mein Chef missmutig zu mir ins Zimmer. Er möchte mich darauf hinweisen, dass ich einen Fehler gemacht habe. Vermutlich lief der Toiletten-Talk mit seinem Oberboss nicht so wie gewünscht, und er hat auf Oberoberlehrer umgeschaltet; es ist ihm ernst und sehr wichtig, mich zu rügen: «Verehrte Frau Kollegin, Sie haben das zwar ganz toll gemacht mit dem Telefonat. Sie haben sich richtig gemeldet und die richtigen Worte gefunden. Sie waren auch sehr höflich zu Frau Schräuble und auch zu Frau Schräubles Vorgesetzten. ABER: Sie haben die Hierarchie nicht eingehalten!» Vermutlich sieht mein Chef die Fragezeichen in meinem Kopf, denn streng doziert er weiter: «Frau Schräubles Boss steht eine Karrierestufe unter mir. Das bedeutet, und merken Sie sich das bitte, liebe Frau Kollegin: Frau Schräuble hätte Ihnen zuerst ein schönes Wochenende wünschen müssen.»

Schönes Wochenende

Ein Kollege versucht immer wieder, mit mir ins Gespräch zu kommen. Ich weiß bis heute nicht, zu welchem Dezernat er gehört, nicht mal, auf welchem Stockwerk er wohnt. Aus unserem Trakt ist er jedenfalls nicht, Aber das ist auch nicht wirklich wichtig, finde ich. Ich kenne nur seinen Vornamen: «Alla, isch bin de Freddy, un wäär bischt duh?»

Neulich wartete der nette Freddy mit einem besonders originellen Spruch auf, als er mich kopiererderweise am Kopierer traf: «Duschd was kobiere?» Mir fiel darauf nur diese kurze, wenig intelligente Antwort ein, die eine Fortsetzung unserer «Unterhaltung» im Keime erstickte: «Jo.» Damit war das Gespräch beendet.

Dafür hat mir Freddy heute schon fünfmal ein schönes Wochenende gewünscht. Zum ersten Mal gleich frühmorgens, als wir uns auf dem Gang begegneten. Eine Stunde später erneut, als wir uns (zufällig!) auf einem anderen Stockwerk trafen. Dann kam er, weil er von meinem Chef

eine Unterschrift brauchte. Viertens: Nach dem Mittagessen, als ich auf der Suche nach ein wenig Ruhe am Kopierer stand. Fünf: auf dem Weg zum Wasserloch. Und immer
hieß es: «Schää-Wocheend.» Aaaaahhh, sogar sechsmal: Wir
standen zusammen vor dem Aufzug, er wollte hoch, ich runter. Das hätte ich fast vergessen, weil ich inzwischen meistens die Treppen laufe, schon allein, um möglichst keinem
zu begegnen. Das Treppenhaus ist zwar fürchterlich stickig,
aber dafür fast immer leer. Hier auf dem Amt bewegt sich
keiner auch nur einen Zentimeter mehr als unbedingt nötig.

Inzwischen bin ich schon an Freddys «Schönes Wochenende»-Dauerfeuer gewöhnt und wünsche brav jedes Mal
zurück. Das machen hier alle so, bestimmt auch in allen
anderen Ämtern des Landes. Freitags geht das schon frühmorgens um Viertel nach sieben so los: «Isch winsch a schää
Wocheend.» – «Jo dange, Ihne aaach. Es Wädder soll jo ganz
schää wärre.» – «Allah hop, waademers ab. Ma häns jo gleich
hinner uns gebrocht.» – «Gott sei Dang. Allah hop, dann bis
nägscht Woch …»

Niemand aus dem nichtamtlichen Leben kann sich wohl
vorstellen, wie sehr sich solche Gespräche in die Länge ziehen lassen. Natürlich werden auch per Mail die besten Wünsche verschickt, wie könnte es anders sein? Ich mache das
dann ganz kurz und bündig, und zwar so: SchöWE. Wenn ich
böse bin, schreibe ich aber auch manchmal: sch… W E.

Nach dem letzten Zusammentreffen mit dem *Schö-Wo-
End-Freddy* vor dem Aufzug musste ich erst mal direkt aufs
Klo – zum Ablachen. Ja, ich muss zum Lachen aufs Klo, weil
Lachen generell auf Spaßhaben hindeutet und im Amt of-
fensichtlich nicht mit seriöser Arbeit in Verbindung ge-
bracht wird. Für die Kolleginnen und Kollegen scheint Arbeit

immer nur bitterer Ernst zu sein – und da gehören all die guten und nachdrücklich vorgebrachten Wochenendwünsche mit dazu. Ich habe eine amtseigene Formel aufgestellt: Arbeit plus Spaß = Nichtarbeit. Umgestellt könnte es aber auch lauten: Nichtarbeit minus Spaß = amtliche Arbeit. Wenn ich es mir recht überlege, wäre das in einer Excel-Tabelle noch anschaulicher darzustellen. Da könnten sicher gute Berechnungen angestellt werden. Aber jetzt fange ich keine neue Arbeit mehr an, schließlich ist gleich Wochenende.

Im Amt findet noch ein ähnliches Spektakel statt, und zwar täglich, das heißt: «Maaahlzeit». Ich zucke immer noch jedes Ma(h)l bei diesem Wort zusammen, wenn es an meine Ohren dringt. Dabei ist es mir sogar selbst schon rausgerutscht. Die Kollegin Kleingeist (heißt natürlich: Kleinschmidt), die ich nicht ausstehen kann (sie mich auch nicht), hockte mit einem Klatschmagazin an ihrem Schreibtisch und kaute gerade so herzhaft wie lautstark auf einer Karotte herum, als ich vorbeikam. Es passte einfach so gut, dass ich nicht widerstehen konnte: «Mahlzeit, Frau Kollegin.» Sie, genervt, aber mit dem üblichen Reflex: «Grrk, grk, grak, Mahlzeit.»

Hat jemand eine Ahnung, wie viel Steuergelder für die allwöchentlichen Schönes-Wochenende-Wünsche draufgehen? Oder weiß man, wie teuer das tägliche «Maaahlzeit» den deutschen Steuerzahler wirklich kommt? (Feiertagswünsche zu Ostern, Pfingsten, Weihnachten, Himmelfahrt und so weiter mal außer Acht gelassen.) Hat das schon jemand ausgerechnet, oder hatte noch niemand Zeit dazu, weil er immer irgendwas wünschen musste? Das geht vermutlich in die Millionen. Eine tabellarische Darstellung in Excel würde sich auf jeden Fall rechnen. Mal sehen, vielleicht kann ich dieses interessante Projekt nächsten Montag starten, wenn ich nicht so oft aufgehalten werde – mit Fragen wie: «Un, wie waars am Wocheend?» oder «Hänn Se sich e bissel ausruhe känne?» oder «Un wie? Alles rotscher bei dem schääne Wädder?».

In diesem Sinne wünsche ich mir jetzt wirklich ein schönes Wochenende. Ich brauche die zwei Tage bitternötig, weil ich so erschöpft bin. Wovon? Jedenfalls nicht vom Arbeiten im herkömmlichen Sinne, so wie ich es aus anderen Jobs kenne. Ich arbeite hier anders ... Zum Beispiel muss ich mir Sachen überlegen wie: Gibt es einen Sanitärwunsch? Ich meine, etwas, dass man sich gegenseitig wünschen kann, wenn man sich auf dem Weg zur Toilette begegnet? Einfach nur «Hallo» ist auf die Dauer langweilig, und ich möchte doch so gerne etwas mehr Leben in den Amtstag bringen. Entschuldigung, schon wieder dieses toilettenlastige Thema, aber wie soll ich bei diesem Job hier auch auf vernünftige Gedanken kommen? Also: Bitte nicht stören. Ich muss überlegen:

«Viel Erfolg» – wünsche ich meinem Chef vor wichtigen Verhandlungen.

«Schönes ...» – *schön* geht nicht auf diesen ungemütlichen Toiletten.

«Mahlzeit» – dieses Wort wird schon in einem anderen Zusammenhang benutzt.

«Gude Erholung» – gehört zu Urlaubs-, Kur- und Wochenendwünschen und wird auch gerne bei bevorstehenden Feiertagen angewandt. Dann aber mit Nennung des jeweiligen Anlasses: SchöPfi, SchöWeih, SchöHi ... Ach du lieber Himmel! Ich sollte die Diskussion um die Streichung der vielen Feiertage in unserem Land neu anstoßen ...

«Gutes Gelingen» – sage ich, wenn mein Chef eine anstrengende Sitzung hat (ich meine damit die Konferenzen).

Mir will einfach kein anständiger Sanitärwunsch einfallen. Aber ich könnte ja mal bei Gelegenheit eine Liste in Umlauf bringen und Vorschläge sammeln. Ich bin sicher, dass ich eine Menge ernsthafte Antworten erhalten würde.

Blau-Weiß

Wie in jedem ordentlichen Unternehmen machen wir jedes Jahr einen Betriebsausflug; hier heißt das natürlich: Amtsausflug. Dafür bekommen alle einen Tag frei, das Amt bleibt geschlossen. Das diesjährige Motto ist Blau-Weiß. Sicher kann sich jeder vorstellen, was das bedeutet. Ja genau: Bierzelt, fettige Schweinshaxen (gegen Aufpreis) oder wahlweise Weißwürste mit Brezen. Und natürlich Bier, jede Menge Bier (die ersten beiden Maß sind im Preis inbegriffen). Aber bis der Alkohol zu wirken beginnt, ist das Essen – so fettig es auch sein mag – eine eher trockene Angelegenheit. Meine Kollegen sitzen ziemlich stumm und teilnahmslos an den Biertischen herum und schaufeln in sich hinein. Die meisten Damen lutschen nur an trockenen Brezeln und starren vor sich hin. Niemand scheint Lust auf ein fröhliches Beisammensein zu haben. Viele Kolleginnen und Kollegen gehen nach der ersten Pflichtstunde nach Hause; wer mit dem Essen fertig ist, der schaut, dass er schnell wegkommt.

Halt! Hiergeblieben! Haben die Kollegen denn nicht verstanden, dass es sich nicht um einen zusätzlichen Urlaubstag mit einem kostenlosen Mittagessen handelt, sondern um einen Ausflug, der die amtliche Zusammenarbeit fördern soll?

Ich schubse meinen Chef an: «Bevor *alle* abhauen, sollten Sie eine Runde Bier für die Übriggebliebenen springen lassen, damit wenigstens der harte Kern im nächsten Jahr für ein gutes Betriebsklima sorgen kann.» Mein Chef ist einsichtig und winkt der üppigen Dame im Dirndl, die auch sofort für Nachschub sorgt. Endlich entspannen sich zumindest einige der amtlichen Ausflügler. Es werden Worte gewechselt, ganze Sätze fallen, hier und da erfüllt sogar ein Späßchen und vorsichtiges Gelächter das Zelt. Die Kollegen rücken zusammen. Und um die nette Dirndl-Kellnerin aus nächster Nähe begutachten zu können, wird gleich die nächste Runde geordert.

Der Kollege Bremerkamp fällt der gut ausgestatteten Bedienung fast in den Ausschnitt. Entschuldigend flüstert er mir zu: «Tut mir leid, aber es ist schwer, dieser Dame in die Augen zu schauen.» Ich muss dem Kollegen recht geben. Auch ich kann den Blick nicht von diesem Dekolleté abwenden. Alle warten gespannt, ob sich im Laufe des Tages doch noch die eine oder andere Hälfte der Dame komplett aus dem Ausschnitt kämpft.

Plötzlich setzt ohne Vorwarnung das absolute Grauen ein: Laute, lustige und etwas schiefe Blasmusik plärrt vom hinteren Teil des Zeltes zu uns rüber; da hinten wird schon gegrölt und gejodelt. Nach der nächsten Runde Bier singen oder lallen (je nach Verfassung) alle mit. Außer mir, ich kenne die Texte nicht. Die Kollegen beginnen zu schunkeln, das Zelt erzittert. Ich sitze mittendrin und bekomme Angstattacken. Panik steigt auf, halten die Zeltplanen das aus? Und meine Nerven? Nein, so betrunken kann ich gar nicht sein, um hier mitzumischen – da hilft kein Bier mehr. Darauf kann und will ich mich hier und heute nicht einlassen. Ich flüstere «Helau» und «Alaaf» und schleiche unbemerkt vom schunkelnden Amt aus dem Zelt.

Tief atme ich die köstliche, frische Luft, stolpere um die Ecke und knalle dem Kollegen Freddy ins Kreuz. Er ist nicht allein, sondern hält eine fremde und gänzlich unamtliche Dame fest umschlungen im Arm. Offensichtlich konnte er beim Dirndl mit seinem ausgefallenen amtlichen Anmachspruch landen: «Alla, isch bin de Freddy.» Sicher legte er noch einen nach: «Haschdn Dirndl oh?» Bevor die beiden in den Hollerbusch sinken, fliehe ich, so schnell ich schwanken kann.

Ein paar Meter weiter hängt die perfekte Hausfrau blau an einem weiß gestrichenen Gartenzaun und spuckt – gehalten von ihrer Kollegin – ein paar Biere aus. Ich erspare uns die Frage, ob sie einen Kaffee braucht oder die Kaffeemaschine zum Anlehnen, sondern wanke weiter durchs wohltuende Dunkel in Schlangenlinien nach Hause.

Entschuldigung, aber ich weiß wirklich nicht, wie ich das beschönigen könnte: Nächstes Jahr nehme ich an diesem amtlichen Termin *nicht* teil, ich nehme mir Durchfall.

Der Lenz ist da

Die Signale sind nicht zu übersehen. Menschen laufen in T-Shirts und kurzen Hosen durch die Straßen, sitzen lässig in den Straßencafés und genießen die ersten warmen Tage der Saison. Die Sonne scheint nun schon seit einer Woche – das muss der Frühling sein!

Und soeben wurde er mir amtlich bestätigt. Frau Brömmel stürmte gerade vital in mein Büro, wie immer knisternd im adretten Kunststoffkostüm. Lange Zeit war ich unsicher, ob sie mich mehr an einen Bürodrachen erinnert, wegen der künstlichen Blitze, oder doch eher an eine Bowlingkugel. Frau Brömmel ist nämlich nicht nur energie- und ihr Kostüm elektrisch aufgeladen, sondern sie ist auch recht rundlich. Wenn sie in eine Gruppe von Menschen gerät, egal ob ein paar hohe Herren auf dem Flur zusammenstehen, Bürger/Kunden ratlos nach Hilfe Ausschau halten oder Kolleginnen ein Schwätzchen halten: Frau Brömmel rennt mitten hinein ins Zentrum des Geschehens – oder mittendurch –, und sofort bildet sich eine Gasse wie bei der Teilung des

Roten Meeres. Alle spritzen auseinander wie die Kegel auf der Bowlingbahn – und Frau Brömmel ist die Bowlingkugel.

In dieser Weise stürmte Brömmelchen auch gerade in unser Büro, in der Hand eine Mappe für meinen Chef. Da ich mir genau in diesem Moment die Hände eincremte, bat ich sie, die Unterlagen auf den Tisch zu legen. Normalerweise hätte mir Frau Brömmel diese wichtigen Dokumente natürlich direkt in die Hand gegeben. Leider aber hatte ich zu viel Creme erwischt und wurde schon leicht nervös, während ich versuchte, sie so schnell wie möglich zu verreiben. Ich cremte und cremte, während Frau Brömmel knisternd vor mir stand und mir streng dabei zusah.

Habe ich schon erwähnt, dass mir amtliche Gespräche mit den Kolleginnen und Kollegen noch immer schwerfallen und ich diesen «Austausch» nach wie vor merkwürdig finde? Ich hielt es aber dennoch für nötig, mich zu erklären: «Entschuldigung, die Handcreme zieht so schlecht ein. Bitte legen Sie die Umlaufmappe auf den Tisch, ich möchte keine Fettspuren auf den Papieren hinterlassen.» Frau Brömmel raschelte und knisterte mit ihrem Kostüm, zeigte sich aber erstaunlich verständnisvoll. «Ja, das kenne ich. Ich habe zu Hause ein Fensterbild – am Fenster. Einen Nikolaus, und den habe ich auch mit Fettfingern angefasst, jetzt hält er nicht mehr» – Pause, Überlegen – «am Fenster.» Darauf konnte ich nur entgegnen: «Na ja, er passt jetzt auch nicht mehr so richtig zur Jahreszeit – am Fenster.»

Die Bowlingkugel dachte angestrengt nach. Ich konnte richtig sehen, wie es langsam in ihren Gehirnwindungen pulsierte und zu fließen begann; wie allmählich Frühlingsgefühle unser Brömmelchen durchdrangen. Damit ist es jetzt also amtlich: Der Lenz ist da – (nicht nur) am Fenster.

Frau Brömmel zog befrühlingt endlich ab, und meine Creme zog in Ruhe ein. Ich schlug die Umlaufmappe auf, die Frau Brömmel gebracht hatte. Eine dieser schmuddeligen Mappen, die von Abteilung zu Abteilung wandern, von Flecken und Kaffeetassenrändern übersät – und den Rest will ich mir gar nicht erst vorstellen. Ich schaute hinein, aber schon nach wenigen Momenten hatte ich keinen Blick mehr für die Unterlagen, die fein säuberlich auf die Unterschrift meines Chefs warteten. Stattdessen las ich mir die Sprüche durch, die auf der Innenseite der Mappe in wunderschön gemalten Bilderrahmen illustriert waren. Wie richtige Gemälde wirkten sie, einige auch wie Stickbilder von früher (in Kreuzstich: *Geld allein bringt Glück herein* – oder so ähnlich). Richtige kleine Kunstwerke strahlten mich da an. Das können nur Grüße von Herrn Bremerkamp sein, da bin ich sicher. Der Kollege kann also nicht nur Witze erzählen, er kann auch malen und sich geniale Sprüche ausdenken. Herr Bremerkamp ist ein versteckter Wilhelm Busch. Wenn das nicht richtig gute Umlaufmappen-Prosa ist:

«Wenn ich nicht will, dass ich was tu, dann leit ich's einem andern zu.»

«Es gibt viel zu tun – fangt schon mal an.»

«Wir sind schneller! Wenn die anderen noch gähnen, schlafen wir schon.»

«Das Einzige, was hier klappt, sind die Türen!»

«Wer glaubt, dass Abteilungsleiter Abteilungen leiten, glaubt auch, dass Zitronenfalter Zitronen falten.»

«Beamte – keine Angst, die tun nichts.»

Beim letzten Spruch bin ich mir aber nicht so sicher, ob das stimmt. Denn meine Kollegen tun schon was. Sie frieren sogar Gelder ein, und das geht so: Wir brauchen hier alle bitternötig Nervennahrung. Dafür werden ungesunde süße Leckereien aller Art in der sogenannten Teeküche in dem schiefen Hängeschrank mit kaputter Tür aufbewahrt. (Die Tür hängt nur noch an einem Scharnier und muss zum Öffnen und Schließen in einer ganz bestimmten Weise angehoben werden. Eine entsprechende Einweisung gehört zum Einführungsprogramm, wenn man hier neu anfängt.)

Jeder, der sich den schalen Amtstag versüßen will und in den Schrank greift, steckt den entsprechenden Gegenwert seiner Süßigkeit in die Spardose. Dafür steht ein blassgrüner Sparelefant auf dem Kühlschrank bereit. So vergriffen, wie der grünliche Dickhäuter ausschaut, steht er schon Jahrzehnte dort und stammt noch vom ersten Weltspartag. Der vergilbte Kühlschrank auch.

Mir ist langweilig, und zwar *so* langweilig, dass ich mir schon selbst eine Mail geschrieben habe: «Hallo, wie geht es dir, du arme Amtliche?» Nach angemessener Wartezeit (fünf Minuten, die sich wie fünf Stunden anfühlten) wurde meine Mail auch sorgfältig von mir beantwortet: «Danke. Es geht mir sehr amtlich.»

Mir ist dermaßen langweilig, dass ich sogar schon den Schauspieler Sascha Hehn gegoogelt habe. Kaum zu glauben, aber wahr: Gestern Abend lief ein netter Film mit ihm. Einfache, aber nette Unterhaltung, er spielte einen Kunsträuber. Der Typ ist übrigens ziemlich cool. Ein Aussteiger, der in einer abgelegenen Berghütte wohnt und nur noch golft und angelt, sich für den Umweltschutz engagiert und mit den ausgelatschten Birkenstocks aus der Schwarzwaldklinik durch die Gegend läuft. Richtig cool. Na ja, vermutlich kann man so relaxt sein, wenn man sich keine Sorgen mehr um sein Einkommen machen muss.

Und jetzt ist mir schon wieder langweilig. Ich weiß nicht mehr, wen oder was ich noch googeln soll. Zum Treppensteigen bin ich zu schlapp, und auf eine Runde durchs Haus mit meiner grünen Unterschriftenmappe habe ich keine Lust. Bleibt nur noch der Weg zum Hängeschrank.

Unterwegs treffe ich Carola, die gerade Richtung Toilette läuft. Wir verstehen uns inzwischen ohne Worte. Wenn wir uns auf dem Gang begegnen, rollen wir nur noch mit den Augen. Oder wenn ich Carola mal wieder kopfschüttelnd antreffe, dann schüttel ich kollegial meinen mit, manchmal auch umgekehrt: Ich schüttel und sie schüttelt mit. Gründe gibt es immer.

Was wollte ich eigentlich erzählen? Vor lauter Langeweile bin ich vom Kurs abgekommen. Ach ja, der Sparschweinelefant. Ich nehme mir ein Bounty aus dem süßen Hängeschrank und will bezahlen. Meine Hand geht in die gewohnte Richtung – aber die Münze fällt ins Leere. Das schmuddelige Plastiktier mit dem Schlitz steht nicht mehr an seinem gewohnten Platz! Der Elefant ist weg! Nur die grünlichen Abdrücke auf dem Kühlschrank sind noch zu erkennen. Was ist passiert? Wurde der Plastikdickhäuter etwa geklaut? Verwirrt krieche ich nach meiner Münze, die auf dem Boden weiterrollt. Da hier niemand mit mir redet (außer meinem Chef und Carola), erfahre ich nur wenig von den aktuellen Vorkommnissen im Amt; auch so wichtige Neuerungen wie eine Standortveränderung der amtlichen Spardose dringen nicht so schnell zu mir durch.

Die Elefantenkrise lässt mir einfach keine Ruhe. Ich frage Ursula Niemeyer-Oldenberger, die immer *alles* weiß. Ich nenne sie der Kürze halber Frau UNO. Tatsächlich weiß sie Bescheid. Ich erfahre, dass der Spardosenelefant seit gestern Nachmittag 15:37 Uhr im Tiefkühlfach des Kühl-schranks versteckt wird. Wie kommt man auf die Idee, eine Spardose zu verstecken, die dreißig Jahre ganz offen dastand und nie entwendet wurde? Gab es vielleicht im Vorfeld Konferenzen unter den Kollegen, von denen ich nichts weiß? Geheime Ab-sprachen? Ich erinnere mich an keine Arbeitsanweisung in dieser Sache. Und einen Aktenvermerk dazu habe ich auch nicht abgeheftet.

Glauben die Amtlichen ernsthaft, dass jemand eine Spar-dose klaut, die nicht mehr als ein paar Pfennige, Verzeihung: Cent, enthält? Erstaunt hake ich nach: «Ist denn etwas ge-stohlen worden?» UNO schaut sehr ernst. «Gelegenheit macht Diebe. Sicher ist sicher.» Sie macht eine dramatische Pause, dann legt sie seufzend nach: «In der Teeküche stan-den vier Spülmittelflaschen. Sie wissen ja, dass jeder seinen Namen auf seine Flasche schreibt. Eine Spüliflasche war aber unvorsichtigerweise nicht gekennzeichnet worden. Ausgerechnet diese ist seit gestern Nachmittag 13:11 Uhr verschwunden. Sie war noch halb voll. Wir müssen davon ausgehen, dass sie gestohlen wurde.»

Mir wird heiß. Ich hatte am Vortag (wieder mal) einen Schrank in meinem Büro ausgewischt. Dafür benutzte ich das Spülmittel, das ich selbst besorgt hatte. Im Moment steht das Corpus Delicti noch (un)schuldig in meinem Büro herum. Eine Erklärung erspare ich den Kollegen allerdings besser. Wir sprechen einfach verschiedene Sprachen, mich versteht hier sowieso keiner. Und selbst wenn, würde mir garantiert niemand glauben: Ich habe mich selbst beklaut!

Abgehakt

Warum? Warum bloß kann niemand den armen Azubis erklären, dass ein simpler Haken ausreicht, um interne Listen abzuarbeiten? Oder ist so ein Haken nicht amtlich genug? Neulich habe ich Listen bekommen von einer Auszubildenden. Sie musste wochenlang Vorgänge, Akten und Belege aus dem Archiv heraussuchen. Dieses arme Wesen hat aber nicht einfach einen Haken hinter die erledigten Posten in der Liste gemacht, die Azubine hat auch keine Abkürzung wie «gef.» benutzt oder einfach ihr Namenskürzel hingekritzelt, nein, sie hat tatsächlich hinter jeden, wirklich jeden einzelnen Posten (von Hunderten!) den Begriff «gefunden» geschrieben. Ich kann es nicht glauben: Dieses Mädel hat viele hundert Mal das Wort «gefunden» *ausgeschrieben*. Wie ist so etwas möglich?

Darf ich deswegen hier keine sinnvollen Aufgaben übernehmen, weil ich das nicht verstehen kann? Würde ich auch ganz selbstverständlich Hunderte Male «gefunden» schreiben, wenn ich eine amtliche Ausbildung hätte? Bin ich außen vor, wenn es um Karrieresprünge und Gehaltserhöhungen geht, weil ich dieses Wort noch nicht oft genug in meinem Leben geschrieben habe?

Aber vielleicht tue ich der Azubine unrecht. Herr Meyer-Huber, der die Listen vorab bearbeitete und sie unserer Auszubildenden übergab, ist sehr gut ausgebildet. Er lieferte die Vorlage für ihren Eifer. Dieser amtlich gebildete Kollege hatte hinter jede einzelne Position, für die der passende Vorgang rausgesucht werden musste, nicht einfach ein Kreuzchen gesetzt oder farbige Kennzeichnungen angebracht, um das Fehlen zu markieren. Nein, er hat Hunderte Male «fehlt» in die Liste geschrieben. Manchmal aber auch «felth» oder «felt». Ich finde Legasthenie nicht schlimm, und ich möchte mich nicht darüber lustig machen. Auch in meiner Familie gibt es Lese- und Rechtschreibschwache. Die würden allerdings niemals auf die Idee kommen, immer wieder «fehlt» oder Ähnliches zu schreiben. Meine Leute würden Kreuze setzen oder Häkchen machen, vermutlich, weil ihnen die amtliche Ausbildung fehlt/felth oder auch felt. Auf jeden Fall aber wären sie sehr, sehr viel schneller fertig mit ihrem Job.

Wie soll ich es den Gehaltsentscheidungsträgern nur klarmachen? Ich kann auch etwas leisten, sogar ganz ohne amtliche Ausbildung. Durch Beobachtung habe ich schon einiges gelernt und mir Neues angeeignet. Ich stecke neuerdings, so wie ich es bei Kollegen gesehen habe, Blätter einzeln in den Schredder, obwohl er bis zu zehn Zettel auf einmal verdauen kann. Ich bin doch wirklich auf einem amtlichen Weg, oder?

Allerdings habe ich noch immer Schwierigkeiten mit Kolleginnengesprächen und -telefonaten. Ich drücke mich schon seit Tagen um einen Anruf, aber nun ist er nicht länger aufschiebbar. In meinem früheren Leben wäre so etwas nicht der Rede wert gewesen, aber hier ist alles so anders. Jeder Kleinkram ist eine große Sache: Ich muss Frau Hinterberg nach ihrer neuen Adresse fragen. Schicksalsergeben klingle ich durch. Schon nach dem dritten Versuch und siebzehn Klingeltönen hebt sie leider nicht selbst ab, es kommt noch schlimmer: Ihre Kollegin ist dran. Sie schrillt sofort durch die Leitung: «Hier Frau Schrill am Apparat in Vertretung von Frau Hinterberg.» – «Chefsekretärin hier, guten Morgen. Ich wollte Frau Hinterberg sprechen.» Frau Schrill holt tief Luft und legt los: «Frau Hinterberg kommt erst gegen elf Uhr, weil Herr Frei seit zwei Wochen im Urlaub ist und erst nächste Woche wieder zum Dienst erscheinen wird und Frau Hinterberg doch nur halbtags arbeitet und ich auch nur halbtags, und da haben wir uns das aufgeteilt und ...» Ich unterbreche die schrille Kollegin und bitte um eine Rückrufnachricht für die Kollegin hinter dem Berg.

Damit ist das Gespräch aber nicht beendet. Frau Schrill macht einfach weiter. «Es kann auch eine halbe Stunde später werden, bis Frau Hinterberg eintrifft, je nachdem wie der Verkehr ist, weil die Kollegin aus dem Dorf hinter dem Hügel kommt, und wenn die Straße dicht ist, muss sie über die Autobahn. Da ist um diese Uhrzeit immer Stau, und das Kind muss vorher in den Kindergarten, und die Kindergärtnerin, Frau Keller-Mann, geborene Keller, verheiratete Mann, hat Scharlach ...» Wieder unterbreche ich und versichere ihr knapp, dass mein Anruf nicht wichtig sei und ich es einfach später versuchen würde. Ich wünsche gute Besserung für die Kellerfrau, Verzeihung: Kinderfrau, und lasse den Hörer unamtlich schnell auf die Gabel fallen, bevor sie weiterschrillen kann.

Diese immer wiederkehrenden Erlebnisse geben mir sehr zu denken. Wann machen die Amtlichen eigentlich ihre Arbeit? Oder sind solche Endlos-Unsinns-Telefonate *Arbeit*? Wie auch immer, da ich Zeit eingespart habe, weil ich Frau Schrill abgewürgt habe, kann ich diese Geschichte ohne schlechtes Gewissen während der Arbeitszeit aufschreiben. Dauer: drei Minuten. Das Telefonat hätte sich durchaus auf dreißig Minuten ausdehnen lassen. Vielleicht sollte ich mein Geld mit Geschichtenschreiben verdienen, denn hier bekomme ich nur einen Hungerlohn, und zeitsparend wäre es außerdem.

Herrgott noch mal, ich muss doch aber auch mal mit jemandem reden, selbst wenn ich die Sprache nicht verstehe und nicht verstanden werde. Robinson Crusoe hat schließlich auch mit «seinem» Eingeborenen gesprochen. Vielleicht treffe ich meine verbündete Carola ... Sie ahnen bereits, wo ich mit meiner Suche beginne ... Ich werde fündig, sie hat auch gleich eine schöne Geschichte für mich:

Carolas Chef wird fünfundfünfzig, er will feiern – zünftig (bitte den Reim beachten). Er lädt seine gesamte Abteilung zum Essen in die Kneipe gegenüber ein. Carola bekam von ihrem Chef zur Organisation der Festlichkeit die Speisekarte des «Restaurants» überreicht, die ausschließlich drei Sorten Schnitzel und einen Salatteller nach Art des Hauses darbot. Carola sollte alle Kolleginnen und Kollegen nach ihren Essenswünschen befragen und den Gastwirt vorab über das Ergebnis informieren. Dafür fertigte sie ganz amtlich eine Liste zum Ankreuzen an und zog durch die Büros. Sie wissen ja bereits, mit amtlichen Kreuzchen und Haken ist es nicht so einfach ... Jede/r von Carolas Kolleginnen und Kollegen, die/der die Liste in die Finger bekam, schaute zunächst ausführlich nach, welche Gerichte die anderen bereits gewählt hatten: «Ei guge ma do, der Kollesch isstn Schnitzel ohne Pilze, ach, des ess isch aaach, abber mit Pilze, die hamm da die gude aus der Dose.» ... Auf diese Weise verging geraume Zeit. Klar, es ist eine aufwendige Angelegenheit, bis jeder über die Essgewohnheiten aller Kollegen (und -innen) informiert ist. Zumal immer wieder Nachfragen gestellt wurden. Zum Beispiel: «Kann ich mein Schnitzel auch ohne Salat haben?» oder «Kann ich statt Salat mehr Pommes bekommen?» oder «Was passiert, wenn ich an dem Tag nicht mehr weiß, was ich angekreuzt habe?». «Muss ich auch essen, wenn ich Durchfall habe?» Manche verweigerten auch ihr Kreuz mit Begründungen wie: «Fragen Sie erst mal alle anderen, dann kann ich Ihnen sagen, was ich essen will.» Oder: «Wie der Koch das hinbekommt, ist mir egal, ich weiß heute doch noch nicht, was ich nächste Woche essen will.» Nun schwebt Carola in Angst und Schrecken vor der Feier ihres Chefs: «Ich bete, dass mir keiner von den Kollegen beim Reden oder Lachen ins Essen spuckt. Aber die Wahrscheinlichkeit, dass jemand lacht, ist ja schon mal sehr gering.» Ratlos schauen wir uns an. Wofür wir hier sind? Auf was wir warten? Wir haben es vergessen.

Resigniert trabe ich zurück an meinen Arbeitsplatz und erlebe unterwegs Erstaunliches. Ist da wirklich ein fröhlicher Farbklecks in der Tristesse um mich herum? Tatsächlich: Ein roter Punkt vor diesen vergilbten Wänden, die die Farbe von ungeputzten Altmännerzähnen haben. Stellen Sie sich vor: Ute Brunner trägt heute knallroten Lippenstift! Er verleiht ihr einen Hauch von Lebendigkeit, der ihr wirklich gut steht. Es wird doch nicht wegen des neuen Kollegen sein? Das kann ich mir bei dem Typen zwar nicht vorstellen, aber ich konnte mir schließlich so vieles nicht vorstellen ...

Häppchenservice

Wenn ich nach Hause komme, ziehe ich die Schuhe aus, wasche meine Hände, und dann folgt die dritte Amtshandlung, die ich kaum abwarten kann: Ich befreie mich von meinem Büstenhalter. Zu Hause kann ich dieses einengende Ding nicht gebrauchen. Mein Sohn kam neulich aus seinem Zimmer, musterte mich verstohlen und sagte: «Mama, zieh dir einen BH an, das geht so nicht mehr.» Ich fragte erschrocken zurück: «So schlimm?» Da grinste dieser Lausebengel, ja, er lachte mich mit jugendlicher Arroganz aus und meinte schonungslos: «In deinem Alter geht das auch zu Hause nicht mehr.»

Jetzt weiß ich wenigstens, dass ich so halterlos nicht mal mehr dem Paketboten die Tür öffnen sollte. Und mir wurde auch schlagartig klar, warum dieser Paketbringer es immer so eilig hat, dass er weder «Guten Tag» wünschen noch «Wiedersehen» sagen kann. Da habe ich ihm tatsächlich unrecht getan; ich dachte bisher, er könne kein Deutsch, aber offensichtlich will er nur ganz schnell weg von meiner Halterlosigkeit. Wie ich darauf komme? Daran ist der amtliche Partyservice schuld. Der hat mich so richtig in die Pfanne gehauen, und das an meinem Urlaubstag.

Für heute war eine große Konferenz angesetzt mit allen, wirklich allen wichtigen Menschen. Ordnungsgemäß hatte ich den richtigen Sitzungsraum gebucht. Und weil bei der letzten Mammutkonferenz Teller und Servietten fehlten, habe ich extra noch mal beim hauseigenen Partyservice, der korrekt «Konferenzservice» heißt, angerufen. Ich konnte also heute in Ruhe meinen Urlaubstag genießen. Jedenfalls bis um 17:03 Uhr mein Handy klingelte.

Ich meditiere in dem Moment und will nicht gestört werden. Vorsichtshalber schaue ich aufs Display, ob mein Sohn mich vielleicht braucht – dann gehe ich immer ran. Aber es ist mein Chef. Nein, nicht jetzt, ich habe Urlaub, ich meditiere. Aber im Dreiminutentakt klingeln abwechselnd mein Handy und das Festnetz. Nein, ich will nicht. Wenn mein Chef mich im Urlaub anruft, kann es nur unangenehm sein, ich meditiere lieber noch ein bisschen und sammele Kraft für den Rückruf. Um 17:15 Uhr halte ich es nicht mehr aus. Kaum melde ich mich, flüstert mein Chef aufgeregt in den Hörer: «Wo sind die Häppchen?»

Mein armer, lieber Chef! Er hat Hunger – und dabei muss er doch sachlich hochkomplizierte Gespräche führen. Oje, während ihm Bilder von leckeren, saftigen Häppchen im Kopf herumspuken, muss er gleichzeitig über trockene Zahlenkolonnen referieren. Er kann bloß an seine zwölf bis siebenundzwanzig Häppchen denken und muss dabei über Investitionen in Millionen- und Milliardenhöhe nachdenken. Mein Chef hatte sich schon die ganze Woche auf das Häppchenessen gefreut. Ich hatte extra viele bestellt, habe sogar noch mal nachgeordert und die Häppchenzahl erhöht, weil mein Chef einen guten Appetit hat und ich weiß, dass gerade die Fisch-Häppchen für ihn das Allerwichtigste an der ganzen Sitzung sind.

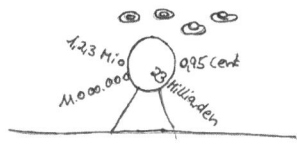

Und nun droht offenbar eine amtliche Hungerkatastrophe. Ich habe zu Hause leider keine Unterlagen, um Nachforschungen anstellen zu können, wo die bestellten Leckereien geblieben sind. Die Damen vom Service sind um diese Zeit schon weg. In meiner Not telefoniere ich die Caterer der Umgebung ab. Von den wenigen, die um diese Uhrzeit noch erreichbar sind, kann und will niemand in so kurzer Zeit leckere Häppchen liefern. Also rufe ich wieder meinen Chef an. «Keine Sorge, ich komme jetzt sofort und kümmere mich darum.» (Freitagabend, inzwischen 17:35 Uhr.)

Panisch flitze ich los, kaufe alle Brotreste bei den Bäckereien der Stadt auf, leihe mir vom Bäcker geistesgegenwärtig ein Messer (ach, bin ich gut!), finde noch Salami und Käse beim Metzger gegenüber und laufe schwer bepackt im Amt ein. Da sitzen alle diese oberwichtigen Menschen und nicken mir freundlich zu. Ich grinse in die Runde und mache mich ans Werk. In der hintersten Ecke des Saales schneide ich mundgerechte Käse- und Wursthäppchen und drapiere alles so appetitlich wie möglich auf den wenigen Servietten (blöder, sparsamer Konferenzservice).

Mein Chef kommt erleichtert zu mir, schnappt sich

gleich einen Teil der Wurst- und Käsewürfel und flüstert mir dankbar zu: «Liebe Frau Kollegin, das haben Sie sehr souverän gemeistert.» Mir kommt das Essen zu wenig vor, besonders nachdem sich mein hungriger Chef bedient hat. Also noch mal los in den Supermarkt. Ich raffe abgepackte kleine Kuchen und Kekse zusammen und schleppe die auch noch in den Sitzungssaal. Alle schauen auf, weil die blöden Verpackungen so laut rascheln beim Aufreißen. Endlich geschafft. Alles ist drapiert und sieht sogar ganz appetitlich aus.

Der Vorsitzende bedankt sich sehr herzlich für meine Rettungsaktion. Ich biete noch hilfsbereit an, bei Bedarf Pizza zu besorgen. Alle lächeln mir zum Abschied zu. Draußen vor der Tür atme ich erst einmal kräftig durch. Und dann fällt es mir auf: Ohhhh Shit, wie grausam ist das denn, o nein, so *peinlich*, ich kann nicht mehr. Deswegen fiel mir das Atmen da drinnen so leicht, und deswegen haben alle so nett geschaut. Die haben sich nicht gefreut, mich zu sehen, die hatten Mitleid mit mir. Die wussten alle, dass ich mich in einer unendlich peinlichen Situation befinde. Mist, Mist und noch mal peinlicher Mist. Warum immer ich, warum passieren immer mir solche Geschichten? Ich habe gegen die amtliche Kleiderordnung verstoßen, die jedes Jahr an alle Mitarbeiter verteilt wird. Mein Chef fand mich nicht souverän, weil ich ihm aus der Patsche geholfen habe, sondern weil ich *so* eingelaufen bin und er sicher dachte, ich wäre cool und würde so tun, als sei das alles völlig normal – vielleicht meinte er ja auch *sufferän?*

Denn es ist eben nicht normal und angebracht, zu solch einer wichtigen Sitzung als «Dame mittleren Alters», die ein Kind gestillt hat, einzulaufen und keinen Büstenhalter zu tragen. Als einziger Trost bleibt mir, dass ich wenigstens noch so geistesgegenwärtig war und aus meiner gemütlichen Jogginghose in meine ungebügelte Freizeitjeans geschlüpft bin. Ungekämmt allerdings. Aber zumindest von einer perfekten Frisur steht nichts in der amtlichen Kleiderordnung.

Jetzt ist eigentlich alles egal, ich habe nur noch eine Sorge: Hoffentlich bleiben die blöden, billigen Servietten nicht an dem Käse und der Salami kleben, sodass alle anfangen müssen, Papierfetzen auszuspucken, wenn sie in die Häppchen gebissen haben. Ansonsten finde ich die fettigen Fetzen dann am Montag zwischen den Unterlagen, die ich sortieren und abheften darf.

Stressbewältigung

Amtliche Konferenzen sind organisatorische Schwergewichte. Was dabei alles zu beachten ist ... Insbesondere die Hierarchien! Sie glauben gar nicht, was ich da alles falsch machen kann, selbst wenn es sich nur um die monatliche Ausschusssitzung handelt, an der stets dieselben sieben Personen teilnehmen. Aber wir reden hier immerhin über wichtige öffentliche Amtsmänner ...

Frau Krumpel, die Vorzimmerdame vom *Dezernat für den öffentlichen, nichtöffentlichen und undurchsichtigen Raum*, ruft an. «Hallo, Frau Sekretärin, Sie haben für nächsten Donnerstag den großen Konferenzsaal für die Ausschusssitzung reserviert. Sie wissen schon, die monatliche Sitzung zum inner-, außer-, neben- und überkommunalen Verwaltungssystem. Da haben Sie doch nur sieben Teilnehmer. Können Sie ausnahmsweise mal den kleinen Konferenzraum im ersten Stock nehmen? Ich weiß, er hat nur vier Fenster und Ihre Teilnehmer sind hohe Herren, denen mehr Fenster zustehen. Aber ich habe parallel eine Veranstaltung mit über dreißig Leuten, die ich in einem Raum unterbringen muss. Es eilt, ich muss die Einladungen in den nächsten Minuten versenden.»

Der kleinere Raum ist zwar noch weniger schön und noch muffiger als der große mit dem Gummibaum, aber für unsere Teilnehmerzahl durchaus ausreichend. Außerdem sind für unsere Verwaltungssitzung nur drei Tagesordnungspunkte vorgesehen. Die Konferenz wird voraussichtlich nicht länger als zwölf Minuten dauern. Frau Krumpel steht unter Druck und ist aufgeregt. Also gebe ich ganz unamtlich – und nicht erst nach sorgfältiger Abwägung – eigenmächtig (also noch unamtlicher) mein Einverständnis. Ich denke mir nichts Schlimmes dabei und schreibe die Einladungen für meine sieben Leutchen mit der geänderten Raumnummer. Natürlich hebe ich die Raumänderung deutlich hervor, damit sich keiner der Wichtigmenschen verläuft und hilflos durch die Gänge irrt. Ich möchte auch verhindern, dass sie womöglich in der falschen Sitzung landen und über falsche Angelegenheiten abstimmen. Das hätte ungeahnte politische Auswirkungen, die ich mir lieber nicht ausmalen möchte.

Für den Versand der Einladungen brauche ich die Unterschrift des Stellvertreters meines Chefs. Herr Silbermann vertritt meinen Chef, solange er auf Dienstreise ist. Und Herr Silbermann macht sich genau diesen Stress, den ich mir nicht mache.

So habe ich einen neuen Spitznamen für meine Spitznamensammlung. Der Stellvertreter heißt ab sofort: Stressvertreter. Ich könnte ihn aber auch statt Silbermann Stressman nennen.

Herr Silbermann, der Stressman, kollabiert beinahe, als er die Raumänderung auf der Einladung entdeckt. Solch eine wichtige Entscheidung kann doch nicht von ihm getroffen werden! (Hallo! Die Sache habe ich schon längst entschieden, ob erlaubt oder unerlaubt – es ist gelaufen.) Der Stressvertreter aber kann das in seinem Stress nicht erkennen und ist sicher: In diesem Fall muss vom Schriftführer unseres Ausschusses und besonders natürlich vom Vorsitzenden das Einverständnis eingeholt werden. Unbedingt! Und das kann nur er persönlich erledigen. Absolute Chefsache, wegen der Hierarchie, Sie wissen schon.

Stressman, der sowieso schon amtlichen Stress und sehr viel zu tun hat, muss also höchstpersönlich den Schriftführer und den Vorsitzenden anrufen. Diese beiden sitzen aber ausnahmsweise mal nicht am Telefon und warten, dass es klingelt, sind also nicht so einfach zu erreichen. Also versuchen Herr Silbermann und ich, die beiden wichtigsten Sitzungsherren irgendwie ausfindig zu machen. Das gestaltet sich schwierig, aber der Stressvertreter gibt nicht auf. «Der Aufwand muss sein», meint er, «möglicherweise könnte es großen Ärger geben wegen der Raumänderung.» Schließlich habe der kleinere Raum gleich vier Fenster weniger als der ursprüngliche Konferenzsaal. Klar, die Hierarchie: je höher im Rang, desto mehr Fenster.

Nach langer Suche erreiche ich die beiden Entscheidungsträger telefonisch. Praktischerweise sitzen sie gerade zusammen. Weil mir die Sache einfach zu blöd ist und der Stressvertreter genau in diesem Moment nicht am Platz ist, sondern auf dem stillen Örtchen ohne Telefonverbindung, frage ich die Herren kurzerhand selbst. Beide überlegen sorgfältig und stellen fest, dass nur drei Punkte auf der Tagesordnung stehen und dass sie für so eine kurze Zusammenkunft ausnahmsweise, aber wirklich nur *ausnahmsweise*, auf ihren angestammten Sitzungssaal mit dem traurigen Gummibaum verzichten können.

Nach dem ganzen Stressvertreter-Stress ist es eigentlich erstaunlich, wie reibungslos die beiden eine Entscheidung getroffen haben. Und auch noch die richtige! Bestimmt, weil ich meinen «Ich-bin-so-ein-hilfloses-kleines-Mädchen»-Jammertrick angewandt habe. Erstaunlich, aber der funktioniert fast immer, zumindest bei den Amtsmännern. Ich sagte: «Hallo, Herr Vorsitzender, guten Tag, Herr Schriftführer, prima, dass ich Sie zusammen erwische. Ich habe da etwas angestellt. Ich habe, ohne Sie vorher zu fragen, Ihren angestammten Raum für die nächste Sitzung vergeben. Können Sie ausnahmsweise mit dem kleinen Sitzungszimmer im ersten Stock vorliebnehmen? Bitte helfen Sie mir aus der Patsche, ich brauche für die Raumänderung Ihren Segen.» Angespannt lausche ich in den Hörer. Heraus kommt nach angemessener Pause zweistimmig: «Amen.»

Nach diesem Theater können Sie vielleicht nachfühlen, warum ich so froh bin, dass die *Sitzung zur Vergabe des Freiheitsstatus der kommunalen und nichtkommunalen Selbstverwaltung in städtischen, dörflichen und sonstigen Gemeinden* nicht von mir organisiert werden muss. Sie findet außerhalb unserer Amtsräumlichkeiten statt. Ich habe nichts damit zu tun, kann mich zurücklehnen und muss meinen Chef nur an diesen Termin erinnern – dachte ich jedenfalls. So einfach, wie ich mir das vorstellte, war es natürlich dann doch nicht. Erwähnte ich schon mal, dass hier nichts *einfach so* geht?

Mein lieber Chef kam vor dieser Freiheitsvergabekonferenz nur schnell reingerauscht, um die erforderlichen Unterlagen abzuholen. Die sind ihm vor Wochen schon per

Mail zugegangen. Leider hat er sie nicht an mich weitergeleitet, damit ich sie in Ruhe ausdrucken und konferenzgerecht in verdauliche Häppchen sortieren konnte. Aber ich kenne das bereits. Ich habe noch nie etwas stressfrei vorbereiten können. Ich weiß bis heute nicht, warum bei meinem vorgesetzten Amtsmann alles erst im allerletzten Moment erledigt wird.

Glücklicherweise habe ich einen lieben Chef, der weiß, dass er das mal wieder selbst versemmelt hat – und nicht ich. Er steht also hilflos vor meinem Schreibtisch. «Liebe Frau Kollegin, können Sie das *mal eben schnell* ausdrucken? Ich muss gleich los, eigentlich müsste ich schon auf der Autobahn sein.» Es handelt sich um etwa hundertsiebenundachtzig Seiten, die gedruckt, kategorisiert, unterteilt und mit beschrifteten Trennlaschen versehen werden müssen. Kurz: Es muss ein kompletter Ordner angelegt werden.

Ich war neulich auf dem Seminar *Stressbewältigung im amtlichen Vorzimmer*. Das hier ist nun eine prima Gelegenheit, um das Erlernte im Ernstfall anzuwenden und festzustellen, wie alltagstauglich die gewonnenen Erkenntnisse wirklich sind. Ich ruhe dank der Entspannungsübungen (noch) in mir und weiß, dass mein Chef den Stau auf der Autobahn gut als Ausrede benutzen kann, wenn er zu spät kommt. «Ja klar», antworte ich also gelassen. «Wie viel Zeit habe ich?» Er schaut mich treuherzig an. «Reichen fünf Minuten?»

Vor dem Stressseminar hätte ich jetzt (mal wieder) eine Panikattacke geschoben und erst wie eine Irre Zettel gelocht, um sie nur möglichst schnell in den Ordner zu stopfen. Hinterher hätte ich mich dann auch noch mit einem schlechten Gefühl gequält: Oje, hoffentlich stimmt die Reihenfolge.

Und: Oje, hoffentlich ist alles drin. Bis zur Rückkehr meines Chefs hätte ich meine Nervosität nicht ablegen können und mich ständig gefragt, ob er sich blamieren musste, weil seine unfähige, blöde Sekretärin die Unterlagen durcheinandergebracht hatte. Und ich hätte mich, wie so oft, auch mächtig geärgert, dass er ständig alles auf den letzten Drücker erledigt und immer wieder unnötig Hektik und Chaos verbreitet. Und heute? Ja, heute sagte ich nur: «Okay, ich schaue, was ich machen kann.»

Mein lieber Chef wollte mir helfen und schon mal anfangen, einen Teil der Unterlagen auszudrucken und Trennlaschen zu beschriften. Er hatte schon nach Trennstreifen gegriffen – den falschen natürlich. Früher hätte ich mich nicht getraut einzuschreiten, sondern seine Chaosspirale still ertragen (im Chaosverbreiten ist er wirklich gut), aber heute nahm ich ihm die Trennblätter aus der Hand, lächelte ihn freundlich an und sagte: «Ich mache das schneller alleine, es gibt sonst nur Durcheinander.» Und er? Er war keineswegs beleidigt. Nein, er war sogar erleichtert und froh, dass er noch mal Zeit für die Sanitäranlagen erübrigen konnte.

So legte ich zielgerichtet und ungestört los und hatte alles in sieben Minuten komplett fertig, sogar noch mit dem guten Gefühl, alles korrekt ausgedruckt und eingeordnet zu haben. Und wenn nicht, dann halt nicht. *Ich* habe getan, was mir möglich war. Ein Dank der VoZi-Stressbewältigung.

Und jetzt will ich in die Wüste. Sind noch Plätze frei?

Streik der Heftmaschine

Was soll ich schreiben? Schon wieder eine Konferenz. Ja, wichtige Menschen konferieren ständig. Wann sie eigentlich arbeiten, weiß ich nicht so genau, aber auf jeden Fall laufen sie von einer Sitzung zur nächsten, um dort herumzusitzen. Manchmal müssen sie für solche Veranstaltungen sogar etwas vorbereiten, so wie heute:

Mein Chef und seine beiden Stellvertreter treffen sich im Chefbüro und «bereiten vor». Das heißt, sie sitzen gemütlich um den Konferenztisch und plaudern über dies und das; manchmal fällt auch ein Sätzchen über die letzten noch zu erledigenden Vorbereitungen für die wichtige Sitzung, die in fünfzig Minuten beginnen soll. Ob das Sitzen die eigentliche Vorbereitung für die Sitzung ist? Die Herren sind sehr entspannt, fehlt eigentlich nur noch, dass sie die Füße auf den Tisch legen und in Cowboymanier mit den Stühlen wippen.

Die Zeit vergeht, noch fünfzehn Minuten bis Sitzungsbeginn. Unvermittelt ruft der Stellvertreter Stressman: «Jetzt sollten wir aber in die Pötte kommen, wir haben nur noch zwanzig (!) Minuten. Und wir müssen noch dies und das tun, und haben wir eigentlich schon Kopien gemacht? Und den Artikel müssen Sie vorher unbedingt noch lesen und, und, und ...» Da kommt Leben in die Jungs. Hektisch springen sie durcheinander, stolpern über die Kollegenfüße und, im Eifer des Gefechts, auch über die eigenen. Sie sammeln Unterlagen zusammen, drucken weitere aus, wirbeln durcheinander, heften zusammen, drucken wieder, merken, es gibt noch ein bis zwei Tippfehler, drucken erneut, wirbeln umher (auch die Unterlagen), drucken weiter und heften zusammen, was das Zeug hält – bis die Heftmaschine leer ist.

Mein Chef streckt mir hilflos das Heftgerät hin, ich soll es bitte richten: «Hilfe, Frau Kollegin, es heftet nicht mehr, ist es kaputt?» Gleichzeitig ruft Stressman um Hilfe: Der Drucker meldet Papierstau. Ich muss es richten. Und schon steht wieder mein Chef vor mir. Die Heftmaschine hat sich verkeilt und tut schon wieder nichts. Bei Stressman ist inzwischen das Papierfach des Druckers leer, und der dritte Kollege springt überflüssigerweise ständig zwischen uns hin und her und tut dabei nichts.

Ein chaotischer Chef ist schon schlimm. Aber *drei* durcheinanderwuselnde kopflose Männer sind unerträglich. Aber ich bin ja Profi und brülle nicht: «Warum haben Sie nicht einfach schon vor einer Stunde damit angefangen, statt hier gemeinschaftlich rumzulümmeln und dummes Zeug zu quatschen?» Nein, ich repariere wortlos die Heftmaschine, übernehme die letzten Sortier- und Heftarbeiten und schicke alle drei los in den richtigen Raum mit der richtigen Fensterzahl.

Entnervt und geschafft sinke ich auf meinem Schreibtischstuhl zusammen und fühle mich wie eine Mutter, die ihre dreijährigen Drillinge endlich im Kindergarten abgegeben hat. Und ich frage mich, warum ich eigentlich nicht Kindergärtnerin geworden bin. Die werden besser bezahlt.

Ich denke natürlich fast stündlich daran zu kündigen, aber ich halte durch. Warum weiß ich selber nicht so genau. Vielleicht weil ich «so gut funktioniere» und nie gelernt habe, darauf zu achten, was gut und richtig für mich ist? Ganz bestimmt aber, damit ich diese Geschichten aufschreiben kann.

Senf oder Selters

Der kleine Farbklecks hielt dem grauen, leblosen Amt nicht lange stand: Ute Brunner hatte offensichtlich nur einen One-Night-Stand – oder allerhöchstens einen One-Week-Stand –, denn der Lippenstift ist wieder aus ihrem Gesicht gewischt. Sie sieht genauso farblos aus wie eh und je, wenn man mal vom gelben Lochstrick absieht. Das tut mir leid für sie. Allerdings ist es bestimmt besser so – wenn ich mir den neuen Kollegen so anschaue.

Inzwischen war Ute Brunner eine Woche im Urlaub gewesen. Sie hatte uns eine Postkarte ins Amt geschickt. – Wie kommt man eigentlich auf die Idee, den Kollegen Urlaubsgrüße zu senden? Mir fällt keine logische Antwort darauf ein. Wie dem auch sei – jedenfalls kam die Karte erst vorgestern, am Dienstag also, bei uns an. Dabei ist die Kollegin Brunner schon seit Montag wieder im Amt. Da Ute Brunner diejenige ist, der ich den Posteingang für ihr Referat übergebe, legte ich ihr also ihre eigene Urlaubskarte in die Eingangsmappe – selbstverständlich vorschriftsmäßig mit amtlichem Eingangsstempel versehen. Das ist doch mindestens so gut, wie sich selber Mails zu schicken, finde ich.

Gestern dann landete diese Postkarte aus mir unerklärlichen Gründen wieder in meinem Posteingang. Was sollte ich nur mit diesen vermaledeiten Grüßen machen? Nachdenklich schaute ich mir das Postkartenfoto näher an. Ein Hotelfenster war mit einem verschmierten Kugelschreiber-Kreuzchen versehen, und auf einem Strandliegestuhl war ein Handtuch aufgemalt (so sah es jedenfalls aus). Sollte ich diese Karte jetzt in meinem Büro aufhängen oder nochmals mit einem aktuellen Eingangsstempel versehen und zum *zweiten* Mal in den Postverteiler legen, vielleicht mit dem Vermerk «Irrläufer»? Hilfe, es gibt keine Arbeitsanweisung für solch verzwickte Amtsfälle. Das gilt auch für mein nächstes Problem, das wirklich dringlich ist:

Gleich kommen wichtige Leute vom *Ministerium für ich weiß nicht was*, und ich habe nur alte Senf- oder Sektgläser, um den Herrschaften Wasser anzubieten. Und diese ollen Senfgläser sind alle verkalkt oder milchig, auf jeden Fall unappetitlich. Wo bekomme ich auf die Schnelle anständige Gläser her? Ich muss improvisieren. Vermutlich ist das die einfachste Lösung: Ich kaufe schnell im Supermarkt um die Ecke eine Flasche Sekt. Ministeriums-Problem gelöst, nun kann ich mich wieder mit ganzer Kraft dem Postkartenproblem und Frau Brunners Erholungsurlaub widmen.

Die nervige Karte liegt noch immer auf meinem Schreibtisch, weil ich nicht weiß, was ich damit machen soll. Aus lauter Hilflosigkeit beginne ich zu lesen, obwohl ich mich bei der Anrede nicht angesprochen fühle, denn das bin ich auf keinen Fall: «Liebe Kolleginnen». Trotzdem lese ich weiter. «Nachdem ich 1534 km zurückgelegt, siebzehn Schlösser und dreiundzwanzig Burgen mit insgesamt siebenundachtzig Türmen besichtigt habe, erhole ich mich am Strand, dort, wo die Palme steht.» Palme? Ich drehe die Karte um und schaue mir das Foto genauer an. Tatsächlich, das gemalte Handtuch auf der Liege könnte auch eine Palme darstellen, mit viel Phantasie. Die Aufnahme musste schon älter sein; inzwischen war dort am Strand vermutlich eine Palme gewachsen – und *der guten Ordnung halber* hatte Ute Brunner diese per Hand eingefügt. Allerdings fehlten mir auf der Postkarte noch weitere detaillierte Angaben; welche Nummer ihr Liegestuhl hatte, zum Beispiel, und auf welchem Stellplatz die Kollegin Brunner in der Sommerfrische immer zu parken pflegte. Das hätte auch gut zu dem Bericht gepasst, den mir der Kollege Bremerkamp nach seinem Urlaub lieferte – und zwar ohne Witz: «Ich war in Italien. Es war gar nicht einfach, eine Pizzeria zu finden. Musste lange suchen, bis ich eine gefunden hatte. Ich hatte Lust auf Krabben und bestellte mir die Pizza Nummer sieben – mit doppelt Käse.»

Unschlüssig drehe ich die Postkarte wieder um, und plötzlich entdecke ich die Lösung meines Problems. Nun weiß ich, warum das lästige Teil wieder auf meinem Schreibtisch gelandet ist. Neben meinem amtlich aufgedrückten Eingangsstempel hatten inzwischen alle Kolleginnen die Postkarte abgezeichnet. Nur mein Kürzel fehlte noch. Und das wird auch so bleiben – ich bin nun mal keine «liebe Kollegin» und schon gar keine «Liebe Kolleginnen» und will auch gar keine sein. Ich nehme die Karte, zerreiße sie in viele kleine bunte Schnipsel und werfe sie kopfschüttelnd in den Papierkorb, dabei fällt mein Blick auf die ministerielle Sektflasche auf dem Konferenztisch ...

Innovationen

Ich darf etwas Sinnvolles tun! Ich soll mir die Computeraktenpläne unserer Abteilung genauer ansehen und überlegen, wie ich Ordnung in die digitalen Aktenberge bringen kann. Froh über die Aufgabe, hier endlich ein paar Vorgänge vereinfachen zu können, mache ich mich ans Werk. Ich brüte wochenlang über einigen hundert Aktennamen – alle mit ganz vielen Nullen. So ein virtueller Ordner heißt zum Beispiel 000-000.0001-0007/0003 oder 009-000.0001-0001/0000 – seitenweise Nullen auf dem Bildschirm. Da kann man blind werden. Ich sollte eine Gefahrenzulage beantragen. Die gesamten Aktenpläne sind zum Wahnsinnigwerden.

Zunächst kürze ich einige der völlig überflüssigen Nullen und markiere alle unsinnig angelegten Ordner, die kein einziges Dokument enthalten. Die könnten prinzipiell gelöscht werden. *Ich* aber kann leider überhaupt nichts löschen. Hier *darf* nichts gelöscht werden.

Es gibt Ordner, die wurden genannt:

000-000.01/0003-001.0007 Gesetze bis 1947

000-000.01/0003-002.0000 Gesetze 1948–1950

000-000.01/0003-003.0002 Gesetze 1950–1952, und so weiter, bis heute.

Diese Ordner sind komplett gesetz- und mindestens ebenso sinnlos – sie sind schlicht und einfach leer. Kein einziges Dokument hat seinen Weg bis in diese tiefen Null-Ebenen gefunden. Und das ist nur ein Beispiel von vielen. Aber mit so einem aufgeblasenen Aktenplan kann man natürlich Eindruck schinden. Da traut sich so schnell keiner ran.

Ich bespreche meine Änderungsvorschläge mit der zuständigen Beauftragten für den virtuellen Aktenplan, ich nenne sie Frau Virus. Besser gesagt: Ich versuche, sie mit ihr zu besprechen. Schon während meiner Einleitung merke ich, dass Frau Virus in Panik gerät und komplett dichtmacht. Sie verschränkt abwehrend die Arme vor der Brust. «Diesen Aktenplan habe ich eigenhändig nach Bestimmungen, Vorschriften und Gesetzen vor zwanzig Jahren erstellt. Genau nach Vorschrift. In der freien Wirtschaft mögen Sie ja schalten und walten können, wie Sie wollen. Aber hier gelten amtliche Regeln.»

Deutlicher hätte sie nicht sein können, um mir zu zeigen, wer hier am längeren amtlichen Hebel sitzt. Nach langer – und sehr ausführlicher – Diskussion sowie einigen vergeblichen Beruhigungsversuchen meinerseits kapituliere ich und muss meine strukturellen Neuordnungsversuche als Nullrunde verbuchen. Die Computerviruskollegin macht aus den kleinsten Änderungen (zwei bis drei Nullen weniger pro Ordner) eine Riesensache. Frau Virus bläst die kleinste Umstellung genauso auf wie ihren Aktenplan.

Zum Glück habe ich Unterstützung aus der EDV-Abteilung in Person von Frau Edevau. Die Computerexpertin ist mit den Abblockmechanismen der Kollegin bereits bestens vertraut. Wir machen uns gegenseitig Mut und einen gemeinsamen Termin mit Frau Virus.

Als der Virus im Gespräch unter sechs Augen wieder das Argument einschleust, dass der Aktenplan streng nach Vorschriftsnummer 0000.0-0-00-000/00/000-001 ... (den Rest hab ich vergessen) aus dem Jahr 1979 angelegt worden sei, erklärt die Elektronische-Daten-Verarbeitungs-Beauftragte: «Diese Vorschrift kenne ich auch, ich erinnere mich. Aber das war überhaupt keine Vor*schrift*, sondern lediglich ein Vor*schlag*, wie ein Aktenplan aussehen *könnte*.» Frau Virus bekommt erst einen roten Kopf, ihre Wangen blasen sich auf, und dann entweicht ihr alle Luft und Farbe. Sie dreht sich wortlos um und verlässt beleidigt den Raum.

Inzwischen sind viele Monate vergangen. Es hat noch immer keine Umstrukturierung stattgefunden. Frau Virus hatte so viel zu tun. Es war einfach keine Zeit, weil so viele Nullen so viele Nullen verwalten mussten. Ups, hier haben sich bestimmt freudsche Tippfehler eingeschlichen, ich bin schon ganz wirr von so vielen 000.000–0000-/0.0-000/ 0/0/000-0000-000-00 ...

Wissen Sie eigentlich, wie das klingt, wenn jemand sagt: «Das Dokument finden Sie in der Akte DreimalNullPunktNullNullStrichNullNull- NullEinsSchrägstrichNullStrichNullPunktNull- NullEins ...»?

Mein Chef hat übrigens nie wieder nach der Neuorganisation der virtuellen Aktenpläne gefragt. Nullen erinnern mich neuerdings auch an Einlullen ... Ich kann mich trotzdem auch weiterhin nicht zurückhalten und mache unverdrossen Verbesserungsvorschläge, wenn mir große Umständlichkeiten oder komplette Sinnlosigkeiten auffallen. Ich bemühe mich, meine Erkenntnisse konstruktiv und nicht abwertend vorzubringen. Und das wird überraschenderweise registriert. So trägt man mir an, mich mit der Verbesserung der Arbeitsabläufe in Abteilung römisch III zu beschäftigen. Das wäre ein guter Anfang, denn diese ist übersichtlich. Sie besteht nur aus drei Kollegen ...

Ich soll also im kleinen Stil Unternehmensberatung spielen – natürlich ohne die entsprechende Entlohnung. Trotzdem, ich mache es gerne, ich fühle mich dem Steuerzahler gegenüber verpflichtet. Bin ja selber einer. Außerdem gibt es schon in diesem kleinen Bereich so viel zu tun! Ich werde wieder wach, bin plötzlich voller Elan. Endlich, *endlich* kann ich mich vielleicht doch noch sinnvoll einbringen im Amt. Aber ganz egal, welche Vorschläge ich auch mache. Sie werden lediglich wohlwollend zur Kenntnis genommen – und niemals umgesetzt.

Bei den Mitarbeitern stoße ich ausnahmslos auf Unverständnis. Es ist völlig unerheblich, dass die kleinste, von mir angeregte Änderung ganz offensichtlich eine große Zeitersparnis oder eine direkte Kosteneinsparung bewirken würde: Keiner meiner Vorschläge wird umgesetzt. Selbst dann nicht, wenn die Amtlichen den Sinn dieser Maßnahmen durchaus nachvollziehen können. Ich höre: «Liebe Frau Kollegin, das ist eine prima Idee. Darüber müssen wir mal in Ruhe sprechen.» Oder: «Ja, Sie haben recht, damit lässt sich tatsächlich viel Zeit sparen, das sollten wir bei Gelegenheit mal angehen.» Nähere Einzelheiten erspare ich uns an dieser Stelle – wegen der Zeitersparnis.

Ich gebe aber noch nicht auf und versuche, in kleinen

Schritten voranzukommen. In kleinsten ... Ich frage zum Beispiel Herrn Frömmel: «Sie holen doch jeden Morgen die Zeitung für Ihre Abteilung. Können Sie da nicht auch gleich die Post mitnehmen, die in Ihrem Fach liegt? Dann müssten Sie nicht eine halbe Stunde später (also nach dem Zeitunglesen) noch mal den weiten Weg laufen, um die Post zu holen.» Für diesen Vorschlag erhalte ich lediglich einen verständnislosen und mitleidigen Blick. Es bedarf offenbar keiner weiteren Antwort.

Noch immer gebe ich mich nicht geschlagen. Ich schlage vor, dass der Postholerkollege aus der Abteilung III im dritten Stock auch gleich die Post für die Abteilung III-A, die sich ebenfalls in der dritten Etage direkt gegenüber befindet, mitnimmt. Denn täglich höre ich mir das Jammern des gestressten III-A-Postholers an, dass er so viel zu tun habe und dass sein Überstundenkonto inzwischen 857 Stunden aufweise. Mein Vorschlag findet großen Anklang (bei meinem Chef). Er nimmt sich vor, das «mal bei Gelegenheit» mit den Postholern zu besprechen ...

So, und das habe ich nun davon, dass ich Postholervorschläge gemacht habe. Ich bin zur Postholbeauftragten für gleich drei Abteilungen aufgestiegen. Falls das so weitergeht mit meiner rasanten Karriere, dann werde ich noch weiter aufsteigen, zur General-Abholerin vielleicht. Natürlich bei ewig gleichbleibender Bezahlung.

Nee, nicht mit mir. Ich sehe das gar nicht ein, wie komme ich überhaupt dazu, mehr aus dem Postfach zu holen als unbedingt nötig? Bei meinem Minigehalt kann ich gerade mal die Zeitung tragen, nicht auch noch gleichzeitig die Verantwortung für den Posteingang. Außerdem will ich später *noch mal* zur Poststelle laufen, ich muss doch irgendwie den

Tag rumbringen. Und Bewegung tut gut. Es ist nur eine Frage der Organisation, Zeitmanagement sozusagen.

Auf Unverständnis stoße ich auch für meine Vorschläge zur Papiereinsparung. Ich bin nämlich umweltbewusst. Die tägliche Papierverschwendung tut mir richtig weh. So rege ich an, dass nicht jedes Formular in gedruckter Form in unserer Abteilung gesammelt werden muss. Besonders dann nicht, wenn bestimmte Unterlagen mit großer Wahrscheinlichkeit nie mehr benötigt werden oder sowieso in mindestens drei weiteren Abteilungen in Papierform vorliegen. Ich schlage vor, unsere Unterlagen vor der Weitergabe an die nächste bearbeitende (und wieder kopierende) Abteilung einzuscannen und ordentlich auf dem digitalen Aktenberg abzulegen. Das würde bestimmt einen Baum pro Monat retten und maßgeblich zur Kostensenkung und zum Umweltschutz beitragen. Aber die Reaktion auf meinen Vorschlag ist niederschmetternd. Immerhin ist er meinem Chef eine mündliche Antwort wert:

«Das ist eine prima Idee!» Mir wird sogar versichert, dass dafür einige Bonuspunkte für meine Beurteilung drin sind. Mein lieber Chef ist zufrieden mit seiner Mitarbeiterin, wie schön. Wer nun aber glaubt, er würde diesen Vorschlag auch aufgreifen und umsetzen, der irrt sich gewaltig. Natürlich ändert sich gar nichts. Alle kopieren auch weiterhin munter drauflos, ohne etwas zu kapieren. Selbst diese für Bonuspunkte gut befundene Änderung wird einfach nicht umgesetzt. Papier wird auch weiter unnötig bedruckt, achtlos abgeheftet oder nur irgendwo reingestopft, weil sowieso niemand davon ausgeht, die Papiere jemals wiederzufinden.

Bin ich nur zu ungeduldig? Unterschätze ich meine Kollegen? Vielleicht dauert es nur noch ein paar Jährchen, bis meine Vorschläge in ihren Kleinhirnen angekommen sind. Neuerungen sind offensichtlich schwer verdaulich für den öffentlichen Mitarbeiter als solchen. Vielleicht fehlt ihm ein Modernisierungs-Gen oder ein Neuerung-Verdauungs-Enzym?

Mir wurde bescheinigt, ich sei «innovativ» (Chefzitat), nur weil ich mich mit einem Computerprogramm beschäftigte, dass hausintern Vereinfachungen von Vorgängen bringt, jedenfalls bringen würde, wenn es alle nutzen würden. Ich war sogar so innovativ, das Einführungsseminar mitzumachen, um dieses Programm sinnvoll einsetzen zu können. Dieses Programm wurde vor ungefähr sieben Jahren (ich berichtete bereits) eingeführt, und es gilt unter den Kollegen noch immer als Neuerung. Kaum einer hat bisher die Zeit gefunden, an einem zweistündigen Seminar teilzunehmen, um anschließend mit dem erworbenen Wissen viel mehr als bloß die investierten 120 Minuten einzusparen.

Mir bleibt also nur ein Ausweg: Ich passe mich endlich an. Ich behalte meine Stellenbeschreibung mit dem Zusatz «Modernisierungsbeauftrage» für die Beurteilungsbonuspunkte, aber ich unternehme einfach nichts mehr in dieser Richtung. Es bleibt beim Auftrag – wie der Name schon sagt.

Und wehe, wehe, es kommen neue, unbequeme Kolleginnen oder Kollegen, Querulanten und Störenfriede, die versuchen, irgendwelche Neuerungen einzuführen. Dann werde ich sie mit langen, verständnislosen Blicken strafen, bis auch sie resigniert eingeschlafen sind. Ich muss sofort den einlullenden Einschläferungsblick üben.

Rückschritt? Fortschritt? Fehltritt?

Zeichen und Wunder: Neuerdings erlebe ich doch tatsächlich noch amtliche Neuerungen. Es geht gleich um drei Verbesserungen. Nein, dieses Wort trifft es nicht, es muss heißen: drei *Veränderungen*. Und die innerhalb eines kurzen Zeitraums. Wer kann da schon mithalten?

Vor einem halben Jahr wurde ein neues Computerbetriebssystem eingeführt. Seitdem ist alles, wirklich alles, viel langsamer. Wenn ich auf die Knöpfe meines elektronischen Kollegen drücke, dann dauert es mindestens anderthalb Sekunden, bis er darauf reagiert. Das Anzeigen der hausinternen Telefonliste dauert mehrere Minuten! Mein Gemecker, ob das denn nun immer so lange dauern würde, wurde abgetan mit den Worten: «Das neue System arbeitet etwas langsamer, weil es so umfangreich ist. Sicher müssen Sie sich erst an das Neue gewöhnen.»

Ich gebe keine Ruhe, ich muss mich wehren gegen diese «Veränderung». Der nächste Experte, den ich auf dem Flur treffe, muss sich mein erneutes Geschimpfe gefallen lassen und antwortet: «Dein Computer ist einfach zu alt für die Datenmengen, die kann der nicht mehr verarbeiten. Du bräuchtest einen neuen. Aber leider ist dafür kein Geld da.»

Inzwischen *habe* ich mich daran gewöhnt – und damit abgefunden, dass mein alter Computerkollege dem Fortschritt ebenso wenig gewachsen ist wie ich. Er ist schlicht und einfach überfordert. Ich habe Verständnis für ihn – und mir die hundert Seiten Telefonliste ausgedruckt.

Auch unser Materiallieferant wartete mit einer unerfreulichen Neuerung auf. Er hat seine Homepage aufgepeppt. Ich habe eben bei seinem Bestellservice in den Hörer geschrien: «Wer hat sich eigentlich diesen unübersichtlichen Schwachsinn ausgedacht? Ich muss jetzt für eine einzige klitzekleine Bestellung fünfmal die gesamte ellenlange Seite hoch- und runterscrollen und mindestens sieben Knöpfe mehr drücken als vor der Umstellung auf euren modernen Bestellservice!» Ich bekam keine Antwort, die Leitung war plötzlich tot. Bestimmt auch eine Neuerung.

Schließlich haben wir jetzt auch noch einen neuen amtlichen Kopierer. Das Ding ist dreimal so groß wie das alte Schätzchen, dafür aber nur noch halb so schnell. Man hat mir nicht mal die Gelegenheit gegeben, mich von meinem alten Kopierkollegen zu verabschieden. Er wurde heimlich und herzlos ausgetauscht, einfach so. Den Neuen kann ich nicht leiden. Er muss damit rechnen, dass ich ihn hin und wieder heimlich trete. Seine Bedienung ist viel komplizierter. Wenn ich etwas einscannen will (wegen der Papierersparnis, Sie wissen schon), dann muss ich ungefähr fünfzehn Tasten mehr drücken als vorher; ich muss mich für jeden Scanvorgang komplett durch das hochkomplexe Kopierprogramm durcharbeiten, um zur Scanfunktion zu kommen.

Es hat mich viel Mühe gekostet – und Nerven, aber nach Stunden der Einarbeitung (und einigen verzweifelten Anrufen beim Spezialisten) gelingt es mir inzwischen, schon aus eigener Kraft zumindest eine einzelne Seite zu scannen. Für mehrere Seiten müssen Programmänderungen vorgenommen und einige Tasten mehr gedrückt werden. Das muss ich noch üben. Ich wäre ein Sonderfall, meinte der Spezialist genervt, außer mir gäbe es nur wenige im Amt, die überhaupt Interesse am Einscannen hätten. Ich bin stolz auf mich. Allerdings quälen mich folgende Fragen, für die ich nun ausreichend Zeit habe, weil mein Computer nur noch ganz langsam arbeiten kann:

Tue ich mich nur so schwer mit Neuerungen, weil ich mich inzwischen amtlich eingewöhnt habe? Sind Veränderungen automatisch Verbesserungen? Kann es sein, dass die Gier nach immer mehr Fortschritt irgendwann ins Gegenteil mündet?

Bedeutet in der heutigen Zeit: moderner Fortschritt = 1 Schritt vor minus 2 Schritte zurück? Hat jemand eine neue Formel erfunden, von der ich nichts weiß? Vielleicht $mF = 1S - 2S \cdot x^2$?

Bin ich jetzt in dem Alter, in dem man sich dem Fortschritt verschließt? Bin ich so sehr mit dem amtlichen Grauschleier überzogen, dass ich meine Innovativität verloren habe? Komplett eingestaubt? Eingestaubter als alle Amtlichen zusammen? Vielleicht bemerke ich es nur nicht, weil ich geputzt habe?

Beschäftigungstherapie

Stets findet Überraschung statt,
da wo man's nicht erwartet hat.

(Wilhelm Busch)

Wie soll man reagieren, wenn die Frau vom Chef anruft, weil sie ihn im Büro vermutet, er aber kurzfristig einen Tag Urlaub eingetragen hat? Da ist wahrlich Fingerspitzengefühl angesagt. Mein lieber Chef hätte mich ja wenigstens mal vorwarnen können. Am besten antworte ich auf die Frage «Ist mein Mann da?» einfach nur mit «Nein» und warte ab, was passiert. Bloß jetzt nichts falsch machen, nichts Falsches sagen, ich darf mich nicht verplappern. Gaaanz ruhig weiteratmen, nicht die Luft anhalten, damit das andere Ende der Leitung keinen Verdacht schöpft.

Ich habe Glück, sie bohrt nicht weiter nach; sie will nicht mal wissen, ob er in einer Besprechung, Konferenz, Sitzung oder auf dem Klo ist. Auch auf die Fragen «Wie lange dauert es?» und «Wann kommt er zurück?» verzichtet sie ausnahmsweise. Diese Informationen will sie fast immer aus mir rausholen, obwohl ich ihr da selten helfen kann, denn ich bin eine Sekretärin und keine Wahrsagerin. Aber dieses Mal gibt sie sich mit meiner kurzen Auskunft zufrieden. Glück gehabt. Das liegt daran, dass Frau Chef gerade nicht fit ist. Sie ist schwer erkrankt, wie sie mir ungefragt und in jämmerlichem Tonfall mitteilt. Sie klingt wie das personifizierte Leiden und hat wohl keine Kraft für weitergehende Fragen. Ausführliches Jammern allerdings kriegt sie gerade noch so hin ... Die arme Frau ist erkältet.

Apropos Jammern. Meine Kollegen jammern auch ständig. Unter anderem, weil sie so wenig Platz in ihren Büroschränken haben und weil auch das Zwischenarchiv aus allen Nähten platzt. Seit einem Jahr versuche ich ihnen klarzumachen, dass es ein richtiges Archiv gibt, mit *richtigen* Archivaren, da müsste das Zeug nur mal hingebracht werden. Bisher leider ohne Erfolg.

Ich erinnere mich noch gut, wie schockiert ich war, als ich im Amt anfing und die Schränke in meinem Büro öffnete. Dreck, Mief, Staub, zerfledderte Papiere, Mappen und Ordner. Die Schränke vollgestopft mit uralten Akten und sonstigem Müll. Als ich nach und nach heimlich das eine oder andere entsorgte, wirbelte ich riesige Staubwolken auf. Da gab es kartonweise uralte Kopien von Personalmeldungen, sogar von Mitarbeitern, die schon in den amtlichen Himmel aufgestiegen sind (nicht die Originale, die lagern sicher griffbereit in der Personalabteilung). In meinem Büro lagerten kistenweise Ordner, die Kopien von Gesetzen enthielten. Gesetzen, die schon zwanzig Jahre keine Gültigkeit mehr hatten, Kopien von handschriftlichen Abrechnungen in Sütterlin zu Immobiliengeschäften, noch in Reichsmark, die dazugehörigen Gebäude sind schon längst abgerissen. Wirklich faszinierend. Mein Chef hat sich für heute eine besondere Aufgabe für mich ausgedacht. Vermutlich will er nett sein und mir die Zeit vertreiben, da er ja heute Urlaub hat. Ich soll mir einen amtlichen Fall anschauen, von Anfang bis heute, damit ich mich «von der Pike auf» in die amtlichen Vorgehensweisen einarbeiten kann. Dieser *Fall* begann im Jahr 1962.

Meine Suche nach den Anfängen beginne ich im *Dezernat für Stadt-, Land-, Flussplanung*. Ich lande bei Herrn Trödelmann, der das *Planungsdezernatzwischenarchiv* im Keller verwaltet. Stolz erklärt er mir: «Ich bin schon so lange im Amt, dass ich noch Ordner sammeln konnte, die einen völlig anderen Haltemechanismus haben. Schauen Sie, ich habe ihn geölt, der funktioniert so ...»

Der Trödelking hält mir ein vergilbtes Papier entgegen. «Können Sie dieses Dokument lesen? Das ist Sütterlin. Hier steht: Nachtrag zum vorläufigen Entwurf mit nachträglichen Nachträgen zum Nachtrag vom ...»

Herr Trödelmann freut sich so sehr über meinen Besuch, sicher kommt hier unten im Halbdunkel selten jemand vorbei. Er übergießt mich mit einem Wortschwall, ich höre staunend zu (oder tue zumindest so). Immerhin müssen wir hier unten nicht über das Wetter plaudern, das Wetter spielt in diesem Kellerloch keine Rolle. Es gibt keine Fenster, nicht mal einen Lichtschacht.

Nach fünfunddreißig Minuten Einführung ins Planungszwischenarchiv darf ich mein Anliegen vortragen. «Lieber Herr Trödelmann, Sie kennen sich ja prima aus. Können Sie sich auch an den Fall von 1962 erinnern? Ich suche den ersten Ordner zu dieser Angelegenheit.» Und was macht dieser Mitarbeiter auf meine Frage nach einem fünfzig Jahre alten Ordner? Er überlegt (für hiesige Verhältnisse nur ganz kurz) und dreht sich auf seinem Stuhl um. Kollege Trödelmann muss nicht mal aufstehen, um mit einem geübten Griff auf Armeshöhe einen Ordner aus dem Regal hinter sich zu ziehen – aus dem Jahr 1962. Wetten, dass er für die neueren Ordner aus den letzten Jahren jedes Mal aufstehen und auf eine Leiter klettern muss?

Ganz zu Anfang meiner amtlichen Tätigkeit hatte ich schon mal den Kopf in das Zwischenarchiv gesteckt und gehofft, diese Kellerräume niemals betreten zu müssen. Wenn schon uralte Ordner griffbereit im Regal stehen, dann ... Nein, ich will nicht weiter darüber nachdenken, das geht ja dann über das Mittelalter hinaus. Womöglich liegen hier unten Aufzeichnungen über Erwerb und Bau von Streckbänken oder Galgen, Gehaltsabrechnungen von Folterknechten und Krankmeldungen von Henkern ...

In meinem eigenen Büro schlummern auch noch einige gut eingestaubte Schätzchen, aber immerhin bloß ganz oben in den Schränken. Da habe ich *alles* reingestopft, was in Sütterlin verfasst ist. Dort liegen auch jede Menge Ordner mit

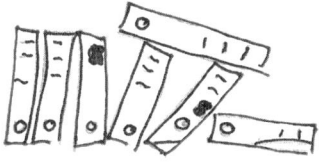

dieser alten Heftung, die Herr Trödelmann so bemerkenswert findet. Allerdings so eingerostet, dass der Mechanismus nicht mehr funktioniert. Aber daran macht sich hier oben im siebten Stock sowieso niemand mehr zu schaffen. Herr Trödelmann würde sich bestimmt riesig freuen, wenn ich ihm den Kram bringen würde, aber mir fehlt der Elan. Ich müsste erst auf eine Leiter steigen, um an die oberen Schränke ranzukommen. Außerdem würde ich wieder den ganzen Staub aufwirbeln, und dann müsste ich alles in den Keller schleppen. Nee, nee, ich habe *bestimmt* Wichtigeres zu tun.

Ja genau, ich muss diese grauen Mappen suchen, die im amtlichen Universum verschwunden sind. Die gesamten Amtsinsassen sind in Aufruhr und beteiligen sich an der Suche. Nicht mal Herr Trödelmann hat eine Ahnung, wo sie sein könnten. Aber es handelt sich ja um aktuelle Mappen, die interessieren den Kollegen aus dem Halbdunkel sowieso nicht so sehr. Es geht um die neuen Umlaufmappen, die ich professionell nach allen amtlichen Vorschriften angefertigt habe. Am liebsten hätte ich auch einen von Herrn Bremerkamps genialen Sprüchen angebracht, aber Nachmachen ist leider doof. Auch auf die Gefahr hin, dass ich mich wiederhole, ich hätte wirklich gerne diesen für Umlaufmappen so passenden Spruch in riesengroßen Lettern angebracht:

**Wenn ich nicht will, dass ich was tu,
dann leit ich's einem andern zu.**

So sind wenigstens nur staubtrockene, langweilige (aber ordentlich beschriftete) Mappen im amtlichen Universum verschwunden.

Alle Kollegen suchten den halben Dienstag in all ihren Aktenstapeln danach; die andere Hälfte des Tages waren sie damit beschäftigt, sich von dem Stress der langen Suche zu erholen. Die Suchaktion übrigens blieb ohne Ergebnis, niemand schien etwas über die verschwundenen Mappen zu wissen.

Gefiel vielleicht meine Beschriftung im Profidruck nicht, weil sie sich vom üblichen amtlichen Gekritzel abhob? Fielen meine Beschriftungen in Ungnade, weil sie so ordentlich gedruckt waren statt mit unleserlicher Handschrift beschmiert? War jemand so neidisch, dass er meine Mappen in den Reißwolf steckte? Was soll ich denn jetzt machen? Ich habe meinen Mappenvorrat aufgebraucht. Und neue zu bestellen ist umständlich; auf ihre Anlieferung müsste ich mindestens zwei Wochen warten.

Keine Mappen – kein Umlauf. Ich bleibe einfach hier sitzen, bis der Tag um ist, oder die Woche, am besten gleich bis zur nächsten Materiallieferung.

Urlaubszeit

Gott sei Dank. Mein Chef hat Urlaub. Eine Woche, von der ich mir Erholung erhoffe, fünf wunderbare Tage, in denen ich ungestört meine Arbeit machen und *aufräumen* kann! Ich plane, bei meinem Chef gestapelte Unsinnigkeiten wie alte Kalender, überholte Gesetzestexte, Reklameblättchen und Ähnliches zu entsorgen, denn es gibt noch immer jede Menge davon. Das Büro ist groß und voll mit vollen Schränken. Dreißig Jahre sind eine lange Zeit, um nahezu ALLES zu sammeln.

Montagmorgen koche ich mir fröhlich und beschwingt einen Tee, ich lese sogar freiwillig die Zeitung, bevor ich konkrete Pläne für meinen Arbeitstag mache. Die Liste ist ordentlich: Zuerst werde ich seinen Zeitungsmüll zum Papiercontainer bringen, anschließend den Schrank ganz hinten rechts ausmisten und zwischendurch tief durchatmen (unbedingt notwendig wegen des aufgewirbelten Staubs). Außerdem will ich endlich die leidenden, verkrüppelten Pflanzen umtopfen – vielleicht kann ich die eine oder andere ja wieder aufpäppeln. Ich freue mich auf einen arbeitsamen Amtstag voller Ruhe.

Und was passiert? Das Telefon klingelt, und zwar ständig, es kommen Fragen aller Art, die nur mein Chef beantworten kann. Denn mein Chef ist so «organisiert», dass in seinem Reich außer ihm niemand etwas finden kann.

Nach vielen, vielen Telefonaten und stressigen Suchaktionen in verstaubten Unterlagen wird klar: Es geht nicht ohne ihn. Ich *muss* ihn anrufen. Ich sitze mit Tränen in den Augen vor meinem Telefon. Ich will nicht! Ich will mal *einen* Tag nicht mit ihm sprechen müssen. Ich hatte ihm doch schon mindestens dreißigmal einen schönen Urlaub gewünscht; und er mir eine gute Zeit und alles andere Mögliche und Unmögliche auch. Geht das nun weiter? Wenn ich jetzt anrufe, dann müssen wir uns erst wieder schier endlos darüber unterhalten, wie leid mir die Störung tut, und er muss mir dann klarmachen, dass es überhaupt kein Problem sei, da er ohnehin seit dreißig Jahren unabkömmlich sei, und so weiter ... Ich muss mir all seine Geschichten der letzten dreißig Jahre anhören, und dass er heute sowieso nicht schlafen konnte, und dass er schon seit ... wach ist und ... und ... und wie viele Joggingrunden er ums Klohäuschen gedreht hat. ICH WILL NICHT ANRUFEN!

Aber ich bin ja eine gute Sekretärin, ich bin Profi. Nach einem ausführlichen Telefonat wird klar: Er muss «mal eben schnell» reinkommen ins Amt. Hahaha, als könnte er mal eben schnell ... Schon beim Gedanken an seine Rückkehr falle ich in mich zusammen, das innere Zittern ist sehr deutlich. Ich warte auf das Öffnen der Tür. Und da kommt er auch schon, nachdem er mir gerade aus dem Auto mitgeteilt hat, dass er gleich da sei. Ich brauche sicher nicht zu erklären, dass ich meine Pflanzenrettungsaktion und sonstige Aktionen vertagen musste.

Endlich, der Tag ist geschafft – so wie ich. Ich schleiche erschöpft nach Hause (nach erneuten zahlreichen «Schönen-Urlaubs») und hoffe auf bessere Zeiten. Am nächsten Morgen sitze ich wieder an meinem Schreibtisch, mache Pläne für den Tag (Müll entsorgen, Staub wischen auf seinem Schreibtisch, Pflanzen retten ...). Doch ich komme wiederum nicht allzu weit, denn die Tür geht auf, und mein lieber Chef steht strahlend vor mir: Er wolle nur mal eben ... So vergeht der zweite Tag s-/meines «Urlaubs»: ob ich «mal eben schnell» die dreiminütige Rede tippen kann, die er zu einer amtlichen Feierlichkeit halten will, und ob ich weiß, wo die Akte ...

Der dritte Tag: Ich muss nur noch diese Woche durchhalten, ab Montag habe nämlich *ich* zwei Wochen Urlaub. Ich brauche dringend Erholung. Als mein Chef, der es zu Hause offensichtlich nicht aushält, schon wieder im Büro auftaucht, rufe ich nur: «Chef, ich kann nicht mehr, was wollen Sie denn schon wieder hier? Ich ertrage keine weiteren Überraschungen. Wie gut, dass ich nächste Woche Urlaub habe.» – Hätte ich das nur nicht gesagt. Ach, wäre ich doch nur nicht so vorlaut gewesen. Jetzt fällt ihm noch ganz viel ein, was vor meinem Urlaub zu erledigen ist – abgesehen von den ganzen liebgemeinten Urlaubswünschen. Aber auch dieser Tag ist erstaunlicherweise irgendwann zu Ende, inklusive all des Chaos, das mein Chef so gut verbreiten kann.

Der vierte Tag bricht an. Ich gehe extra früh ins Büro, damit ich wenigstens zwei Stunden in Ruhe was machen kann, bevor ... Aber nein, als ich meine Tür öffne, ist mein

Chef schon da. Auch an diesem Tag habe ich den Eindruck, nervlich kurz vor dem Zusammenbruch zu stehen. Ich gebe zu: Es ist nicht das erste Mal, dass ich beim Öffnen meines Bürofensters einen Moment verharre und mich weit hinauslehne und fühle, wie mich der Abgrund gnadenlos (oder sollte ich besser schreiben: gnadenvoll?) anzieht.

Nun, auch der vorletzte Tag seines «Urlaubs» verläuft wieder im gewohnten Chaos (seinerseits) und Stress (meinerseits). Ach, hätte ich doch bloß nichts von meinem Urlaub erwähnt. Wäre ich doch nur professionell cool geblieben. Dann müsste ich auch seine lieben Blicke nicht ertragen. «Ach ja, Sie haben nächste Woche Urlaub, da wünsche ich Ihnen ...» Jetzt muss ich mir einen weiteren Tag «Gute Erholung» und «Schönen Urlaub» anhören.

Der fünfte Tag. Endlich, mein Chef hat mir versprochen, dass er heute nicht ins Büro kommt. Ich atme durch, aber ich kann nichts mehr machen, ich kann nicht mal mehr die armen Pflanzen gießen. Sie werden während meines Urlaubs jämmerlich vertrocknen, aber ich bin so fertig, ich sitze einfach nur noch da. Da klingelt mein Telefon. Es ist mein Chef. Ich gehe nicht ran. Bin auf dem Klo. Kurze Zeit später: Mein Chef ruft erneut an, ich gehe nicht ran, bin auf der Poststelle. Zwei Minuten später wieder. Ich kann nicht, bin am Kopierer. Dreißig Sekunden Funkstille ... Der nächste Telefonanschlag. Ich kann immer noch nicht, bin auf dem Gang unterwegs, oder auf dem Hausdach oder sonst wo.

Zehn Minuten später: erneutes Klingeln. Ich seufze, hat ja doch keinen Sinn, sonst geht das den ganzen Morgen weiter mit dem Telefonterror. Also hebe ich schicksalsergeben ab. «Guten Morgen, Frau Kollegin, ich wollte Ihnen nur einen schönen Urlaub wünschen.» Ich antworte, so höflich es geht:

«Herr Chef, das ist doch nicht nötig, wir haben uns das in den letzten beiden Wochen so oft gewünscht!» Mit letzter Kraft lasse ich den Hörer auf die Gabel sinken. ICH GEHE NIE WIEDER ans Telefon und nie wieder IN URLAUB: Ich springe – jetzt. Es ist sowieso nur noch meine ausgelutschte Hülle, die da aus dem Fenster fällt, vermutlich so ausgesaugt, dass sie wie eine Feder im Wind langsam all die vielen Stockwerke hinunter zu Boden gleitet. Herrlich, diese Leichtigkeit.

So, kurzer (Aus-)Flug. Mitten hinein in meinen federleichten Tagtraum platzt mein Handyton. Der Arbeitgeber meines Zweitjobs ruft an (ich musste einen Nebenjob annehmen, die öffentlichen Gelder reichen nicht aus zum Leben). Er möchte mich vor meinem Urlaub noch gerne persönlich sehen, ob ich vorbeikommen könne. Persönlich wäre es doch immer netter – meint er. Ich radel also am Samstagmittag ins Zweitbüro, und ich wette mit Ihnen, der nette Nebenjobgeber hat nicht vor, mir ein paar Mark, Verzeihung: Cent, Urlaubsgeld in die Hand zu drücken. Wetten, dass er mir Unterlagen geben möchte, die noch ganz dringend vor meiner Abreise zu bearbeiten sind? Und natürlich möchte er mir persönlich – Sie erraten es bestimmt – einen schönen Urlaub wünschen.

Ich hatte recht. Aber auf dem Heimweg bekomme ich doch noch eine Belohnung. Das Kofferpacken kann warten, ich bin sowieso nicht sicher, ob ich für eine Urlaubsreise überhaupt die Kraft aufbringe. Ich wüsste im Moment nicht mal mehr, welche Unterhosen ich einpacken sollte. Ich sollte gar nicht verreisen, denn hier ist es so richtig schön.

In diesem Nebenjob-Stadtteil findet gerade eine Veranstaltung mit Live-Musik statt. Die Sonne scheint, das

Leben ist prima bei dem Klima (ein versehentlicher Reim). Auf dem Nachhauseweg spielt auf der Bühne eine Schülerband. Ein Mädel, vielleicht fünfzehn, sechzehn Jahre alt, hat eine geile Stimme, sie singt wie Patty Smith, die Musik *ist* Patty Smith. Hier bleibe ich, hier ist Urlaub. Vielleicht treffe ich noch auf Tom Waits, dann ziehe ich für den Rest meines Lebens als Groupie durch die Lande.

Nachtrag: Möchten Sie wissen, wer mich am ersten Tag *meines* Urlaubs angerufen hat? Ich brauche es nicht zu schreiben, Sie wissen es längst. Ich ging nicht ran. Dafür werde ich jetzt meinen gesamten Urlaub lang von weltbewegenden Fragen verfolgt: War es wichtig? Was wollte er? Sollte ich vielleicht doch mal zurückrufen? Ich habe jetzt ja zwei Wochen Zeit zum Nachdenken. Auch darüber, ob ich überhaupt zurückkehren sollte ...

Urlaubsgrüße

Ich habe ein schlechtes Gewissen. Hoffentlich ist meine Schreiberei nicht zu böse. Und *hoffentlich* muss das nie jemand lesen, der sich persönlich angesprochen fühlt.

Es liegt nicht in meiner Absicht, Menschen zu kränken. Und Geheimnisse verrate ich ja schließlich keine, wenn ich über den amtlichen Wahnsinn im Allgemeinen berichte, oder? Selbst Peer Steinbrück schreibt in seinem superklugen Buch *Unterm Strich*: «... festhalten an maroden, unproduktiven Staatsbetrieben ...» Der kommt schließlich auch aus dem Amt und muss es wissen – als ehemaliger Kollege sozusagen.

Ich kenne Peer Steinbrück seit dem letzten Sommerurlaub auf einem winzigen Campingplatz in Frankreich. Dort traf ich ihn jeden Morgen an der Wasserzapfstelle. Er ist wohl auch Frühaufsteher.

Herr Steinbrück campte mit Frau und Sohn und war offensichtlich für die morgendliche Kaffeezubereitung zuständig. Wir begrüßten uns täglich im Morgengrauen am Wasserhahn mit einem freundlichen «Bonjour».

Ich war inkognito unterwegs, in meiner bequemen Jogginghose mit Kaffeefleck, und Herr Steinbrück konterte mit einer gestreiften Schlafanzughose und einem weißen Feinrippunterhemd – ungekämmt.

Mick Jagger campte ebenfalls an diesem verträumten Ort, nur zwei Wege weiter. Es handelte sich vermutlich um einen V. I. P.-Campingplatz, einen Geheimtipp für Promis, die mal unerkannt in Ruhe urlauben wollen.

Mick Jagger zeltete direkt neben den Sanitäranlagen. Er saß tagelang ketterauchend vor seinem Zelt im Klappstuhl und strickte. Ihn habe ich nur aus der Ferne gesehen, aber ich bin mir ziemlich sicher, dass er es war. Leider konnte ich keine interessanten Details erkennen. Was er da in bunten Farben strickte, blieb mir verborgen, denn ich hatte die falsche Brille eingepackt und war nur mit meiner Lesebrille unterwegs.

Peer Steinbrück reiste schon nach einer Woche ab. Das war schade, denn wir mochten uns, auch wenn unsere Unterhaltungen immer nach dem morgendlichen «Bonjour» steckenblieben. Leider verstehe ich diese wunderschöne Sprache nicht. Vielleicht kann er sich den Brief übersetzen lassen, den ich ihm nach seiner Abreise schrieb:

```
Sehr geehrter Herr Steinbrück,

anbei erhalten Sie eine Leseprobe aus meinem
Manuskript und zwar aus mindestens zwei
Gründen:
Sie kommen darin vor (die Stellen sind selbst-
```

verständlich ROT markiert) und ich hoffe sehr,
dass Sie Ihren Spaß daran haben. Desweiteren
hoffe ich, dass ich damit keine Persönlich-
keitsrechte verletze oder Geheimnisse preis-
gebe. Obwohl es kein Comic ist – Sie haben
sich ja als Comic-Fan geoutet – sind meine
Geschichten comisch (finde ich jedenfalls).
Der zweite Grund: Ich wäre gerne Ihre Sekretärin; allerdings kenne ich Sie überhaupt nicht.
Eventuell sende ich Mick Jagger auch ein
Exemplar. (Das verstehen Sie aber erst, wenn
Sie das Manuskript gelesen haben.)
Ich würde mich sehr freuen, falls Sie es
wagen, einen Blick in den Anhang zu werfen,
und versichere Ihnen, dass ich dann auch endlich Ihr gesamtes Werk lesen werde – von A
(wie Amt) bis Z (wie Zeltplatz), versprochen.
Sollten Sie mein Schreiben als Belästigung
empfinden, entschuldige ich mich hiermit im
Nachhinein. Ansonsten bedanke ich mich ganz
dreist im Voraus für Ihre Mühe.

Besonders freundliche Grüße sendet Ihnen
Jule Mann,

die weiß, dass dieser Brief
völlig verrückt ist. Sie können
dieses Schreiben als Bewerbung
ansehen.

Dank

Ich danke allen, die mir das zutrauten und mich ein kleines Buch lang begleiteten. Besonders den lieben Menschen, die vorab gelesen haben (und angeblich auch noch Spaß dabei hatten). Ich danke auch mir, weil ich beim Schreiben oft laut lachen konnte, auch über meine Verzweiflung. Humor ist, wenn man trotzdem lacht – besonders über sich selbst.

Danke, danke und nochmals danke:

Axel – für Deine Rückenstärkung und Geduld und überhaupt, besonders weil Dir mein Stil nicht gefällt.

Madeleine – am meisten hat mich Dein Lachen angespornt; ach wie schön, dass wir so herrlich miteinander lachen können über dieses oftmals so absurde Leben.

Mutter – Du hattest bei meinen amtlichen Qualen mitgelitten.

Hanny – Du hast nie an mir gezweifelt und auch noch viele Geschichten gelesen und in Dialekt übersetzt.

Wolfgang (und Sekretärinnen) – für die Übersetzungen, Grüße an Deine Mitarbeiterinnen, die ich gar nicht kenne, die sich aber gekringelt haben sollen beim Lesen.

Rosi – für das geduldige Lesen und mehr. Bin gespannt, wie Du das Endprodukt findest.

Wilfried – besonders für die Bemerkung: «Man kann sich so schön selbst darin wiederfinden.» Das bestätigte meinen Verdacht: Sind wir nicht alle ein bisschen amtlich?

Axel S. – für die konstruktive Kritik und Einschätzung, das bedeutet mir viel.

Susanne – für Deine Unterstützung; keine Sorge, Du musst es nicht lesen.

Weini – dafür, dass Dir wenigstens meine Strichmädchen und -männchen gefielen.

Uli – als Mann vom Fach, vielleicht lernen wir uns irgendwann mal persönlich kennen.

Herr Kuntz (auch wenn Sie statt Bücher Landkarten verlegen).

Andrea, Karin, Kirsten, Dr. Barth... (Sie haben das schon richtig eingeschätzt, aber ich bin nicht depressiv – nicht mehr).

Dr. Lupo (weil Sie mir vor langer Zeit das Leben retteten und mich noch immer ernst nehmen).

Danke natürlich auch allen, die ich nicht genannt habe. Auch denjenigen, die es mir nicht leichtgemacht haben (dadurch konnte ich wachsen).

Bitte denkt daran: Alles ist streng vertraulich zu behandeln! Verratet uns nicht, weder mich noch die Protagonisten!